三毛传

流浪一生，花落多少

沐清秋 著

中国友谊出版公司

图书在版编目（CIP）数据

流浪一生，花落多少 ： 三毛传 / 沐清秋著. — 北京 ： 中国友谊出版公司， 2017.10

ISBN 978-7-5057-4177-5

Ⅰ. ①流… Ⅱ. ①沐… Ⅲ. ①三毛（1943-1991）—传记 Ⅳ. ① K825.6

中国版本图书馆 CIP 数据核字（2017）第 223845 号

书名 **流浪一生，花落多少：三毛传**

作者 沐清秋

出版 中国友谊出版公司

发行 中国友谊出版公司

经销 新华书店

印刷 河北鹏润印刷有限公司

规格 880×1230 毫米　32 开

8.25 印张　140 千字

版次 2018 年 1 月第 1 版

印次 2018 年 1 月第 1 次印刷

书号 ISBN 978-7-5057-4177-5

定价 39.80 元

地址 北京市朝阳区西坝河南里 17 号楼

邮编 100028

电话 （010）64668676

如发现图书质量问题，可联系调换。质量投诉电话：010-82069336

目 录

Contents

第五章　红尘来去，未能好好别离

序　一生不及的梦

这世间，有的人生来是为了追逐名利，有的人是为了获得快乐，有的人不知为何而生，亦不知为何而死，大千世界，形形色色的人过着他们各自互不打扰的生活，各自在自己的一方小天地间数着时间度日。

但是也有人不追求名利，不在乎得失，超越生，超越死，他们的人生如同流云，随着风四处飘拂，一切都像大自然变幻般随心随意。三毛就是这样的人，她就像是天边的一朵流云，随风而散，随风而动，活得简单自在。

读三毛的作品，往往会被她文字中的甜蜜或悲凉所感染，三毛的文字同她的人一样，毫不粉饰，来自灵魂深处的声音在字里行间流淌。那样的文字就像是荒漠中开出的鲜花，极具生命力。

不过，面对大众的追捧，三毛始终认为她就是一个普通的女人而已。她平平凡凡地长大，在年轻的时候也做过许多年轻人都会做的傻事。她一生辗转世界各地，去了许多的国家，走过许多的城市，她不知道自己下一站会停留在哪里，也不知道最终会留在何处，她对此全部说不上来。她觉得人的路自然是要靠自己的脚去走的，但是在每个人的心中都有一位神，他默默地带领着人们，走向未知的前方，只是人们不知道而已。

在离开撒哈拉沙漠后，三毛与荷西居住在一座小岛上，八百多平方公里，上面只居住了两万人，三毛的父母去那里看望她时，认为那座岛就是世外桃源。每个人都想在世外桃源生活一辈子，三毛也想，可是她后来还是离开了，她回了台湾岛内，之后又返回西班牙。她不停地在离开，在荷西去世后，三毛也没有停下她的脚步。有朋友问她对将来的打算，三毛说自己没有打算，她不知道自己会落在哪里，因为对她来说，不管她去哪里，曾经那个陪着她的人再也不可能出现了，所以她去哪里都是一样的。

三毛说："过去不能回头，回头会变成盐柱，所以不回头，不回头。"在《旧约·创世记》第十九章里，耶和华要毁灭索多玛和蛾摩拉两城，令天使带领城中唯一的义人罗得和他的妻子、两个女儿出城。到了城外，天使对罗得说："逃命去吧，千万不要回头，不要在平原站住，要不停地往山上跑。"在耶和华毁城的时候，罗得的妻子忍不住回头看了一眼，结果变成了盐柱。

要活在今天，不要活在过去，所以，三毛对自己说千万不要回头，因为一回头就会坠入伤痛的深渊，无人可救。三毛一生经历丰富，她在荷西去世后重新振作起来，坚持不肯谈过去，她认为应该把回忆留给老年，她当下只想好好地做自己。

"我从来没有展望过将来。而生之迷惑到最近才比较开通。还是有痴迷，譬如在工作和游戏的时候。但不惑了。"在三毛看来，人生是一叶扁舟，在汪洋大海上随风浪而动，命运的牵引，无人能够预知，不要试图去揣测明日是风平浪静还是狂风骤雨，只要静静地看着岸边风景更迭，让自己每一刻都快乐、充实就够了。

明日，不论怎样畏惧，都是一个不能逃避的东西，每个人都没有退路。三毛深信，人世的遭遇往往有因才有果，每个人的处理方式不同，结局自然也是不一样。三毛只愿将自己人生的种种，当作梦中一场，她可以遭受种种挫折，但是她不会逃避，因为梦中的那一切，在她醒来时便会化为烟云，命运的起伏，无法拿走她心中的快乐。

三毛从来不做三毛，她只做她自己。三毛一生不写爱情故事，不写别人的故事，她只写自己的故事。她的故事，令人虚实难辨，读懂了她的故事，自然也就读懂了三毛，读懂了她的梦。

第一章

愈灿烂，愈孤独

我来不及认真地年轻，待明白过来时，
只能选择认真地老去。

——三毛

嘈杂世界，我只想简简单单

三毛，生于动荡不安的年月，是一个集风骨与浪漫于一身的女人。她有着无法遮掩的才华，也有着荒芜一片、渴望被浇灌的内心。三毛的作品影响了很多人，只要一提起三毛，大多数人总会第一时间想起那片浩瀚无垠的撒哈拉沙漠，还有她桀骜不驯，追寻一生的自由时光。无边无际的黄沙世界，就好像三毛短暂而璀璨的人生。

在三毛去世后，梁羽生惋惜地写道：“有些本来是含义美好的名词，用得滥了，也就变成庸俗不堪了。才子才女满街走是一个例子，银幕、荧屏上的奇女子频频出现也是一个例子。我本来不想把这种已经变得俗气的头衔加在三毛身上的，但想想又没有什么更适合的形容，那就还是称她为奇女子吧。‘奇’的正面意思应是‘特立独行’，按《辞海》的解释，即志行高洁，不肯随波逐流之谓也。”

人之可贵，在于人们因为时光的流逝，岁月的改变而不断地在人生的道路上取得成长。时间的消逝固然令人惆怅，但这是无可奈何的事情。三毛的离开令许多人扼腕，可是她留下的文字却能够抚慰许多人的心灵。在那些寂寞的字里行间，伴随着纸页翻开的声音，三毛那些年给予自己的力量和勇气，也将给予阅读她文字的人。

对于三毛来说，人生一趟，就是一场修行。她从小热爱读书，热爱大自然，在她数不清的旅程中，她曾跌倒过，迷失过，痛苦过，但是那又怎样，她还是一步一步地走了过来。人没有白走过的路，那些过去的经历，最终都成为三毛的铠甲，抵御风霜雪雨，阻挡寒冰刺骨。

很多人欣赏三毛文中风轻云淡的感觉，觉得世界上的任何事情在她笔下都是寻常，这样的三毛令许多人钦佩，但是很少有人会想到，三毛是如何修炼成那样处事不惊的性格呢？作为从小就敏感聪明的孩子，三毛一直都在对生命的探索和生活的价值上执着用力。她想要寻求生命的答案，可是生命哪有什么鲜明的答案会摆到人们面前，三毛因此度过了很长一段哀伤的岁月，但幸好她最后走了出来。

三毛在伤痛与自我治愈间不断循环，她对稳定的生活、丰厚的薪水从来不抱以期待，三毛渴望的人生是能够不断在心灵上成长的人生，三毛对自己的每一个人生阶段都正面直视，从不回避。在三毛看来，生命的每一个阶段，不论好，还是坏，都是无法躲避的过去，也是造就今日自己的基石，过去的人生就像是一间屋子的地基，不断积累，才有了今日自己看得远的眼界。

曾有一个读者给三毛的信中写道："三毛，你是一个如此乐观的人，我真不知道你怎么能够这样凡事都愉快。"

三毛不知如何回复，她能够告诉这位读者的只有一句话，那就是她并非是一个天性乐观的人。在三毛看来，自己并没有什么乐观与悲观的心性之分，她只是一个实际的人罢了，她不会对人生抱有一些不切实际，虚虚幻幻的要求，她想要得到的东西，其实都非常普通。

在有生之年，三毛只不过是想做一个真诚的人，热爱生活，并执着地永不放弃这一点。她保留着自己心底的意念，希望能够在有限的人生时空中，将日子过得尽可能地丰厚，生活可以简单，但不能苍白。

“我不吃油腻的东西，我不过饱，这使我的身体清洁。我不做不可及的梦，这使我睡眠安恬。我不住豪华的居所，这使我衣食有余。我不穿高跟鞋，这使我的步子更加悠闲。我不跟时装流行，这使我的衣着永远常新。我不赶时间的时候尽可能走路，这使我更加脚踏实地。我不懒于思想，这使知识活用。我不妄想，这使心清心明。我避开无谓的应酬，这使承诺消失。我当心地关爱他人，这使感情不流于泛滥。我苛刻地对待往事，这使人不必缅怀太多过去。我漠视无谓的闲言，这使我内心宽畅。我绝不过分对人热络，这使我掌握分寸。我很少开口求人，这使我自由。我不欠钱，这使我心安。”

三毛写下的这段话可以看出她对自己人生的要求。什么才叫作健康的生活，众说纷纭，三毛所理解的生活，便是无论世界如何嘈杂变化，她都能够固执不变地守着内心的坚持。这样的坚定性格，大约与三毛的父亲分不开关系。

三毛的父亲陈嗣庆一生最大的梦想就是成为一个运动员，但命运总喜欢开玩笑，他成了一名律师。但是在日常生活中，陈嗣庆始终坚持运动，并一直热爱。他每天保持运动，持之以恒的精神，给三毛做了表率。

陈嗣庆对自己的四个子女要求是希望他们其中一个能够成为运

动家，一个成为艺术家，另外两个要做正直的人。但是可惜的是，三毛的姐姐从小弹琴，但最后也只是做了一名钢琴老师，没能够达到陈嗣庆的期待。至于三毛虽然擅长运动，文章也写得好，但到底离成为艺术家还有很长的距离。三毛的弟弟们打小运动神经发达，可惜长大之后都没有继续坚持，一个从商，一个做了律师。

三毛小的时候，并不是很懂得父亲为什么坚持让他们姐弟几个运动和学音乐，从小家里的钢琴老师、美术老师就没有间断过。在家里经济条件不算宽裕的时候，陈嗣庆仍然坚持买了撞球台和乒乓球台，让全家人一起打球，还号召左邻右舍也来打球。这其中，数三毛父亲运动得最为激烈。

在家里钱不够的情况下，三毛父亲动用了家里存给孩子生病时用的救急款买了一架钢琴。四个孩子每天都要被按在凳子上弹琴，三毛父亲不管多累，都会亲自监督他们，给他们打拍子。面对父亲的逼迫，三毛姐弟几个总觉得委屈，但是父亲却只是淡淡地对他们说道："我这样期望你们学音乐，是一种准备，当你们长大的时候，生命中必有挫折，到时候，音乐可以化解你们的悲伤。"

小的时候，只想着偷懒和跑出去玩，哪懂得父亲话中的深意，一直到三毛成年后许久，历经了这人世数不清的挫折，她才明白父亲的一片苦心，果然自己胸中的苦闷，还是要靠音乐才能够得以抚慰。而且这种感觉随着三毛阅历的增加，便越能体会深刻。运动也是抚慰苦闷生活的一种方式，当三毛去了撒哈拉沙漠之后，生活的条件不算很好，她最常做的就是走路，去买菜要走上一两个小时，去提水要走上一个小时，去看电影要走上一两个小时，就连结婚也要徒步四十多分钟才能到达法院，但三毛却丝毫不觉得苦，只觉得浑身充满力量，阳光都是灿烂的。

后来，三毛搬去了加纳利群岛，会捕鱼、种花、种菜、修房子、拾柴火，等等，每天的运动量大得很，心里也快乐得很。三毛是一个对金钱和物质生活毫无概念的人，她从不认为漂亮的衣服，舒适的大房子就能让她的人生得以提升，她毕生在追求的都是心灵的放松和安定。不论是在撒哈拉沙漠还是在加纳利群岛，三毛和丈夫荷西一起劳作，将日子过得怡然自得，皮肤被晒成了小麦色，身上没什么钱，可是夫妻两个人每天唱歌、听音乐、跳舞，觉得生活美好得不像样子。

正是因为三毛父亲从小对她的熏陶，让她不知不觉中骨子里保留了人性中最本真、最质朴的东西。三毛是个内心活动很丰富的人，她在文章中写过："其实每一个人，自从强迫出生开始都是孤独的长跑者，无论身边有没有人扶持，这条'活下去'的长路仍得依靠自己的耐力在进行。有时我们感到辛酸，遭受挫折，眼看人生艰难，实在苦撑着在继续，可是即使如此，难道能够就此放弃吗？”

人生当然不应该轻易放弃，虽然有时候会觉得很艰难，但不论怎样艰难，还是要跑下去。三毛一生经历了很多让她难以承受的痛苦，但是她都坚持跑了下来，支持她的除了不想辜负此生的信念之外，还不想辜负父亲对她的期望。她明白人生不会那么简单，但人可以活得简单一些。她为自己起的笔名叫三毛，也是因为这是一个最简单、最通俗的名字，大毛、二毛，谁家都可能有。她要自己很平凡，她为一切平凡而卑微的喜悦而感动，她渴望着突破心灵上愁苦的束缚，渴望那份真正的生之自由。

虽然，最终，三毛选择了自杀结束生命，但从她的一生经历和所写文章中可以看出，她每一刻都在鼓励自己支撑起对生命的那份热爱。

爱哭的时候便哭，只求一切出于自然

这世上的事，大概总要讲“缘分”二字，父女亲情，母女亲情，兄弟姐妹之情，猝不及防的爱情，如果没有所谓的“缘分”，那如何解释在这个茫茫宇宙中，偏偏是这两人做父女，偏偏是那两人做夫妻呢？

但既然有缘分带来的东西，自然也就有缘尽而散的离别，有人早早就能看透，有人迟迟看不透，三毛是前者。她从小就是一个不同寻常的女孩子，毕淑敏曾在《蓝色天堂》中这样描述三毛：“从13岁开始，她就是典型的抑郁症患者，她敏感而聪慧，曾拼命奋争，抵御的方式就是游学和旅游，当然还有写作。纵观三毛的一生，我觉得她在国外求学和与荷西在撒哈拉的岁月，是最多阳光的日子。写作中，因为太惨烈，三毛并不敢持续深入地触及内心的苦难，并全然宣泄愤怒。她尽量轻描淡写地把血泪化为诙谐和俏皮，只是实在抑制不住时，才露出哀伤和怨怼。”

用三毛自己的话来说，那就是“哭着呱呱坠地已是悲哀，成长的过程又比其他三个姐弟来得复杂缓慢，健康情形不好不说，心理亦是极度敏感孤僻”。因为内心太过敏感，三毛早早窥探到了这个世界的阴影与不友好。她努力地想要在偌大的人生堡垒中寻得自己能够偏安的一隅，可是在逐渐成长的过程中，她发现她所寻求的“世外桃源”并不存在，人无法依靠外界来获得安全感，最坚固的铠甲只能是自己给自己穿上。于是，三毛便要求自己足够强大，因为她不想与这个世界做出妥协。

据三毛的父亲回忆，三毛小时候很独立，同时也很冷淡，虽然是一个女孩子，但意志很坚定，比起男孩子来，也丝毫不示弱。令三毛父亲记忆深刻的一件事，就是三毛在话语还说不完整的时候，就“自作主张”地为自己改了名字。

三毛本名叫作陈懋平，“懋”是家谱上属于她那一代的排行，而“平”是因为在三毛出生的那年烽火连天，她的父亲希望襁褓中这个弱小的生命能够平安成长，希望在她生活的这个世界，可以没有战争，所以在名字中，加入了“和平”这样一个大使命。后来，三毛渐渐长大，开始学写字，她无论如何都学不会写那个“懋”字，三毛就自作主张地把“懋”字跳了过去，将自己的名字写成陈平。不仅如此，三毛还将“陈”的左耳搬到了右边，几次三番下来，不论父母怎么纠正，她就是不改。实在没办法，三毛的父亲便也由着她了。说起来，三毛给自己改名字的时候，才不过三岁而已，大概是因为三毛的事情给了她父亲启发，后来他把三毛弟弟们名字中的“懋”字也去掉了。

后来有一年，三毛又自作主张，说自己叫作Echo，还说这是符号，不是崇洋。这个英文名字伴随三毛很多年，她父亲知道拗不过她，也就不多过问。之后的某一年，三毛也是先斩后奏，称自己又改名了，叫作三毛，而她的理由是自己是家里的老二。三毛父亲问她既然是老二怎么会叫三毛，三毛说这个名字里暗藏着一个《易经》的卦。听着三毛神乎其神的解释，她父亲略有惊讶，问道取名字还要先卜卦吗？三毛说道：“不是，是先取了以后才又看《易经》意外发现的，自己也吓了一跳。”

三毛成年后的种种举动，其实从她小时候就可以窥到一二，在三毛幼年的时候，她很少和别的孩子一起玩耍，女孩子都喜欢玩的布娃娃之类的玩具，她更是碰也不碰。在三毛两岁的时候，他们全家居住在重庆。离三毛家不远处有一座坟地，四周十分荒凉，大人明令禁止小孩子去那里玩耍，小孩子也对那里心生惧怕，不敢过去，但是三毛却丝毫不害怕，常常一个人在那边玩泥巴。对于三毛这样的“大胆”，三毛的父母也说不清楚是好还是坏，只是觉得她与其他的小孩子不同。

有时，在过年过节需要宰杀牲畜时，三毛也总是站在屠宰场一旁，盯着屠夫将羊啊、猪啊杀掉，整个过程她都不害怕，脸上反倒还会带有一种满意的表情。在重庆的时候，每一家的水缸都埋在厨房地里，因为担心小孩子掉下去，家长都不许小孩子靠近水缸，但是三毛偏偏不听话，常常趁父母不注意去水缸边玩。有一次大人在吃饭的时候，突然听到水缸里传来激烈的声响，他们忙赶过去一看，发现三毛头朝下栽倒在水缸里，正在激烈地挣扎。

那口水缸很深，三毛居然用双手撑在水缸底部，好让她的脚能够探出水面，拍打出声音引来父母救助。当父母将她提着救出水缸之后，三毛也并没有表现出惊慌失措的样子，她只是说了一句：“感谢耶稣基督。”然后吐了一口水出来，没有哭，也没有闹，更没有一丁点儿被吓坏的样子。

从那次之后，三毛出意外的次数变得更多，她还是一贯冷静对待，尽量自己化解，就算是伤到了哪里，也不会喊疼。在三毛一家人搬到台湾后，有一次，三毛骑着脚踏车不小心摔到了一口废井里，她不知道想了什么办法自己从井底爬了上来，浑身脏兮兮的，两个膝盖伤得十分严重，血肉模糊，都能看到骨头了，她却只是认真盯着自己的伤口观摩了一阵，轻描淡写地说了一句："咦，烂肉裹的一层油原来就是脂肪，好看好看！"

起初，三毛这样的性格，还被父亲认为是坚强，觉得她将来进入社会，能够独当一面，也算是可以放心，但随着三毛逐渐长大，她的父亲渐渐觉出三毛与周遭环境的格格不入，开始头疼起来。

三毛一直反感学校的填鸭式教育，但身为小孩子，她无法摆脱要去上学，应付考试的命运，只能每天背着一个沉甸甸的大书包去学校读书，读到头晕眼花才能被放回家。她本以为上了初中后，日子会好过一点，但没想到课业不但更加繁重，学校的环境也更让她无法适应。

在三毛读初二的时候，数学常常考零分，如果她不想办法提高数学成绩，就会面临着留级的厄运。后来三毛发现其实老师每次出的考题都是课本后面的习题，她就干脆把书本后面的习题都背了下来，结果小考的时候一连考了几个一百分。这是件高兴的事情，但数学老师却不相信三毛的成绩，认为她一定作弊了。

三毛自然不肯受这样的屈辱，她对数学老师说自己绝对不会去作弊，更不可能承受这样的污蔑。于是，数学老师为了让三毛自证清白，出了一些难度很高的题目给三毛做，三毛自然做不出来，又得了零分。数学老师认定了三毛之前得的一百分都是作弊，便当着全班同学的面，用毛笔在三毛的眼睛周围画了两个大圈代表两个零蛋，用来羞辱三毛。

这件事情给三毛带来了沉重的心理压力，第二天，三毛去上学前想到了数学老师对自己的羞辱，一头昏倒在地。此后她更是频频昏倒，不愿意去学校，经常逃学不再上课，而是躲到公墓去看小说。三毛父母屡次劝说，但都无济于事，实在没有办法，只能为三毛办理了休学。

那段时光对于三毛来说十分辛酸、晦涩，每每回忆起来，便觉得心里仿佛灌了铅一般沉重。三毛留在家里自暴自弃，在该读书的年纪却整日闷在房里，父母心里既心疼又着急。那一阵子，三毛母亲终日以泪洗面，三毛的父亲也是一下班就长吁短叹。无形的压力让三毛喘不过气来，她觉得自己仿佛成了家庭的拖累，成了一个多余的人，正是因为自己的倔强和刚烈，让整个家庭都蒙上了阴云。

性格是无法改变的，三毛不愿做一个委曲求全的人，她从小便由着自己的内心生长，但偏偏在学校里，她的自由意志得不到应有的尊重，所以，三毛选择了逃避。小小的年纪，她无力承担自己做出这个决定的后果，只能躲在房间的角落里，把头埋进小说中，用小说的世界替代现实的世界。

好在三毛父母也不是顽固不化的人，他们觉得既然女儿不适应学校的教育，便不强求，而是在家里对三毛进行教育。三毛不乐意看英文课本，那就找一些浅显的英文小说让她读；国文不爱背，就挑选一些唐诗宋词给她念；钢琴老师每日来家里教课；三毛喜欢画画，父亲就给她买了许多的画册。总之，三毛的父母倾注一切的爱给三毛，他们希望这个与周遭格格不入的女儿能够健康成长。

只是他们没有想到，这样用心的呵护与陪伴，对三毛来说反倒是更加沉重的负担。她觉得自己就像是家里所有人的负累，她内心的纠结与自卑，让她的性情变得愈加乖张。对亲人，她常常出口伤人，虽然事后感到后悔，却不肯轻易低头认错。在那段兵荒马乱的青春岁月里，三毛无法与邻居家的小孩子一样整整齐齐地长大。她瘦瘦小小，脸色蜡黄，心里更是寂寞，只能靠发脾气来发泄，整个家里乌云笼罩，随时随地会成为战场，三毛会将自己的矛头指向家里的任何一个人，没人愿意招惹她。

一番风风雨雨，三毛跌跌撞撞地长大，她让自己形单影只，也让父母心力交瘁。她恨自己的懦弱与自卑，干脆远走高飞，不让父母见到自己的一丝一毫的影子。她以为这样就能够让父母过得好一些，却不知她的疏离，带给父母的是更大的伤害。

在屡次为小事而负气出走时，三毛还曾对母亲说过这样狠心的话："走了一封信也不会写回来，当我死了，你们好过几年太平日子。"三毛的母亲闻言只是掉泪，默默无语地注视着她这个无法无天，又让她无比心疼的女儿。

三毛在文章中写过："人的生命不在于长短，在于是否痛快活过。"三毛不看重生命的长度，她只想随心所欲地按照自己的心意去活，所付出的任何代价，她都心甘情愿地承受。毕竟人这一生，能够无所顾忌地去过自己想要的生活，并不是想象中的那样容易。三毛固执地遵循着内心的声音，她要求自己在想哭的时候便哭，想笑的时候就笑，不需要隐藏，一切出于自然就好。

生活，在于自己的修持

流浪，是三毛血液中无法剔除的因子。三毛从小孤僻、胆怯、不合群，长大之后离开故土，前往未知的他乡，一面带着乡愁，一面踽踽独行。对于三毛来说，她走得再远，心里也装着故土。她曾经写过：“我走了，走到沙漠里头去，也不是去找爱情，我想大概是去寻找一种前世的乡愁吧。”

三毛的祖父陈宗绪生有两个儿子，三毛的父亲陈嗣庆是次子，他出生在上海，做着律师的工作。三毛的母亲缪进兰读过书，如果不是因为要嫁给陈嗣庆，她就会进入大学读新闻系。为了爱情，三毛的母亲放弃了成为女大学生的机会，在这一点上来说，三毛倒是继承了母亲认准一件事情之后就不管不顾的态度。

陈嗣庆在婚后不久，就离开上海，独自前往重庆，尔后不久，缪进兰就带着刚出生不久的长女前往重庆寻夫。一个女人带着一个婴孩，千里迢迢从上海辗转来到重庆，母亲的这段经历在三毛的心路成长历程上起过不小的作用。人生未必要安定、稳当，死水一般的生活从来都不是三毛想要的，她从小听着母亲千里寻夫的故事长大,勇敢追寻自己想要的人和事,早已成为扎根于她内心深处的种子。

三毛出生之时，正是国内战争动乱之际，从陈嗣庆为三毛取的名字就可以看出来，那段时期人们对于和平的渴求。在三毛两岁的时候，日本投降，三毛一家人从重庆搬到了南京，开始了新的生活。

小小年纪的三毛，自然不会对举家搬迁和家国战乱有过深的印象,但是自襁褓起就经历过战乱的她,性子里多少也会平添一丝硬气。到了南京之后，三毛大多数时光用在了读书上，书本给了她一个全新的世界，为她开启了新的大门，也给了她进入文学世界的第一把钥匙。正是因为有了那段安静、无人打扰的读书时光，三毛才在自己的心灵世界开辟出了一块清清静静的花园。

在南京的日子没过多久，三毛又跟着家人迁往台湾岛内。时局动荡不安，每个人都不知明日会发生什么事情，那时的三毛年仅几岁，还只是懵懂无知的小女孩，但大人脸上长挂着的忧郁神色，也让她幼小的心灵蒙上一层灰色。童年的岁月本应当是无忧无虑、明朗和煦的，但无奈生于战火年代，想要安居乐业变得十分困难，人们考虑最多的便是保命、保平安，其他都是次要的。在那个未来渺茫的时代，三毛跌跌撞撞地成长了起来。为了生存下去，她跟随家人辗转多地，颠沛流离的途中，能够给予她安全感的也只有书中建构的世界了。

到了台湾岛之后，六岁的三毛被送进台北的小学读书。她还是喜爱读书，各种文学书籍，她都读得津津有味，对于学校的课业反倒是不怎么上心，这样的学生自然成了老师眼中的“问题学生”。三毛性格虽然孤寂，但固执得厉害，在被数学老师当着全班同学的面羞辱之后，她便从心里疏远了学校这个地方。

三毛的父母虽然不太懂得女儿的内心世界，但都是开明的人，他们看到三毛既然如此排斥上学，那便不上也罢。在父母的安排下，三毛被送入一所美国学校，学习插画、弹琴，还学国画。但这样轻松的环境，也未能够让三毛打开心扉。她原本就脆弱的心灵，早已对世界竖起了一堵厚厚的围墙，她躲在墙后不愿出来，也不肯放任何人进入。

休学的那几年，三毛的父母想了不少办法帮助三毛重新开朗起来。他们不愿看到自己的女儿整日闷在房里，但不管他们想什么样的办法，都没什么效果，这种僵局直到一个人的出现才算被打破。那个被三毛看作一生的恩师，擦亮了她混沌双眼的人，就在她最灰暗无光的时候，出现在了她面前，把她拉出了深渊，带着她在命运的旅途中，从荒芜的戈壁，走上了茵茵绿地。

那个人就是顾福生。在遇到顾福生之前，三毛不知天地几何地在家里关了三年多，花儿一般的年纪，却过得犹如枯木，顾福生就像是天降的春雨，浇灌了三毛干涸许久的心田，让她重新嗅到了生机。

一日，三毛的姐姐陈田心带着朋友来家里玩，其中一对姐弟叫作陈缤与陈骕，三毛对他们本来也没有什么兴趣，一个人在角落里怡然自得。陈骕忽然说要画一幅画给大家看，几笔下去，干净利落的一幅关于战争的画作便完成，是一场美国骑兵队与印第安人的战役，从画上看，打得极为惨烈。

当姐姐的朋友离开之后，三毛捡起那幅画看了起来，一向对任何事情都提不起兴趣的三毛，竟然对着那幅画看了许久。之后，陈骕告诉三毛，他跟着顾福生老师学画。顾福生是顾祝同的次子，将门之后，却选择了走上艺术之路，才华横溢，是有名的画家。三毛记住了这个名字。她内心涌起了渴望，她也想要和顾福生老师学画，想要画出如同陈骕所画的这样的画来。

拜托母亲为自己请顾福生当老师，三毛鼓足了十二分的勇气，终于站在了顾福生的宅邸外，她按响了门铃，让自己不能再逃。随人穿过杜鹃花丛的小径，三毛进入了一间画室，在那里，她见到了改变她一生的人。那时，三毛十六岁，顾福生二十五岁。

第一次见面，三毛便从心底接受了顾福生做她的老师，没有丝毫的排斥和抗拒。这份顺从令三毛本人也感到吃惊，难道仅仅因为顾福生是一个温柔又自然的老师吗？三毛内心也不置可否，几次接触下来，她觉得顾福生是一个可以了解自己的人，和这样的人待在一起，让三毛觉得心安。

但是，三毛的自卑心理又开始作祟，她觉得自己没有作画的天赋，无论怎么努力，也无法画出好的画作；她觉得自己是在浪费顾福生的时间，内心开始焦躁不安。在一日学习完之后，三毛等画室里的学生都离开，便对顾福生说自己没有天赋，不会再来学画了。

顾福生听后没有接话，只是问三毛多大，等三毛回答后，他淡淡地说了一句：“还那么小，急什么呢？”

那天深夜，雪下得很轻，就像三毛对顾福生从未停止的思念一样，无声无息，埋进心田。

这句话令三毛浑身战栗。她本来已经想好了，和顾福生道别之后，就重新将自己锁到家里，躲在屋子里再也不出来，这样就不会再将自己的无能暴露于旁人面前，也就不会给别人嘲笑自己的机会。但是顾福生清清淡淡的一句话，令三毛心里翻起了波涛大浪。是啊，她还那么小，难道她要将自己锁在门里一辈子，就像鸵鸟一样躲着全世界，直到生命消耗殆尽吗？

顾福生没有劝慰三毛，只是带着她去了另一间屋子，让三毛帮他抬画。顾福生知道三毛的脾性是什么样子的，他的疏导办法，就是将三毛从当下不安的情绪中带出来。他随意和三毛聊着其他的事情，让三毛慢慢忘记自己不安的情绪。

三毛知道自己画不好，身为老师的顾福生自然更是清楚三毛在绘画方面有几分的天赋，但是顾福生没有直接说出来，他只是对三毛说她在艺术方面还是有才能的，并且问她有没有试着写文章。

三毛讷讷说到自己没有上学，但顾福生毫不介意。他认为写文章与上学并没有直接的关系，一个整日待在学校的人未必能够写好文章，而在写作方面有天赋的人，不用上学也可以下笔如有神。在三毛回家时，顾福生从自己的书架上抽出几本书递给她，要三毛拿回家去看看。

其中一本是《笔汇》的合订本，还有几本《现代文学》杂志。送三毛出门时，顾福生突然说道：“下次来，我们改画水彩，素描先放下，这样好吗？”纵使是对着一个画画没有天赋，没有进步的孩子，顾福生的口吻也是谨慎而尊重的。他不放弃学生的任何一种可能性，在他的眼中，每一个孩子的将来都是有着无限可能性的，而他作为老师，担负的责任就是引导他们找到这种可能性。

三毛几乎就要放弃自己了，放弃她自己都看不到希望，看不到光明的明天，但是顾福生不放弃，顾福生也不让她放弃。在顾福生眼中，三毛不是一个休学在家的古怪孩子，她只是一个有点内向，不知道该如何表达自己内心的女孩。在这个女孩的心中，有着异常丰富多彩的世界，他能够做的就是帮助这个女孩找到人生的方向。三毛能不能学会画画在顾福生眼中没有那么重要，重要的是三毛最终能够将自己的人生涂成彩色。

与顾福生的一场相识，令年少的三毛在晦暗的、不知所措的自闭时日里终于看到了光亮。她循着那遥远的亮光，一点一点地挪步，终于从带锁的门后走了出来。她渐渐地将自己置于阳光之下，她发现原来世界并没有抛弃她，她还是可以与这个世界为伴的。

生活，不是放弃与逃避，而是不断地修炼和加持。

属于我们自己的，不属于他人

光阴仓促，人生易逝，退学之后将自己封闭起来的三毛躲进厚厚的壳里，以为自己不理整个世界，世界也会将她遗忘进时间的角落里。但是在顾福生的开解下，她才恍然明白，时间一直在裹挟着她朝前走，她浑浑噩噩地虚度时光，她以为自己辜负的是光阴，但其实她辜负的是自己。

幸好，她遇到了顾福生，这个对她从不会另眼相待的男人，给她的生命灌注了汩汩清泉。顾福生对三毛尊重有加，不论是指导她画画，还是与她谈心，都始终是商量的口吻。虽然年长几岁，但他从来不会端起老师的架子，他所给予三毛的引导和教育都是顺着三毛的兴趣而实施的，这让生性敏感的三毛感到安全和放松。

三毛打小就爱读书，中国的古典小说，以及外国名著都读了不少，将自己锁在家里不愿外出时，也是书本与她做伴，但是顾福生送她的那些杂志上的文章依旧把她看呆了。那里的文学世界是她闻所未闻的，她如饥似渴地阅读着上面的文字。那些陌生的名字读起来十分拗口，可是每一个都充满了极度的吸引力，波德莱尔、里尔克、横光利一、卡夫卡、爱伦坡、芥川龙之介这一个个的作家竟然能够写出那样与众不同的文字，三毛反复地阅读着，品味着，新鲜又刺激。在阅读的那几天里，三毛觉得自己正在脱胎换骨。

当她再一次来到顾福生的画室时，她迫不及待地和顾福生分享自己的阅读感受，她的滔滔不绝，她的神采飞扬都被顾福生看在眼里。顾福生安静地做一个倾听者，看着三毛在他面前手舞足蹈，兴奋不已。十几岁的女孩子，一扫之前颓废的模样，脸上浮现出了灿烂的笑容，仅仅几天的时间，像是从头到脚换了一个人似的。

许久没有感到那样欢喜了，三毛看着坐在椅子上微笑着的顾福生，她知道自己获救了，她终于爬上了陡峭的岩壁，从人生的悬崖底下爬了上来。虽然在不知昼夜阅读的几天时间里，她把自己累得够呛，但是她知道了自己并不孤单，在这个世界上也不是寂寞一个人，她从顾福生给她的书中，看到了那么多与她相似的灵魂。

顾福生的书令三毛重燃了热情，她甚至觉得自己画的画也比以前好了很多。她随心所欲地在画板上作画，用色大胆，奔放。她只管释放心中的喜悦，焕发了生机的三毛不再介意自己是否能够画得好，她只想释放自我。

短短几个月的时间，顾福生令三毛打开了心扉。虽然在家里，三毛还是话不多，与父母姐弟也没有太过亲近，但是她自己心里是知道的，她与亲人在一起感觉比从前放松了好多，她眼中能够看到他们的好，也愿意对他们和善，而不是像之前那样总是想要躲着他们了。接下来的时日，三毛继续在顾福生那里学画。一天，她在画完画之后，突然对顾福生说自己想要写文章，“写完给你看，好不好？”三毛讷讷地问了一句。顾福生点头说好。

那晚回去之后，三毛就开始认真写了起来。当她再去顾福生的画室时，她将自己写好的文章递了过去，是一篇名为《惑》的意识流小说，文中倾吐了自己与这个世界无法沟通和相处的压力。

是了，我是在逃避，在逃避什么呢？……好像在很久以前，不知道在什么世界里……我有那么一段被封锁的记忆……在另一个世界里，那些风啊！海啊！那些缥缈、阴郁的歌声……

我一下子哭了起来，我拼命捶着大门，发疯似的大喊：“不要管我，让我去……让我去……讨厌……讨厌你们……”

这些小说中的片段可以看出三毛当时内心的煎熬，她无处可以诉说，只能将一切写进文字里。《惑》是她成长期的作品，充满了浓烈的悲伤色彩，虽然写得很生涩，但是感染力很强。

三毛写文章给顾福生看，本意也不是想要得到老师的称赞和表扬，她只是突然想要写东西了，就好像心中燃起了一股扑不灭的本能。她并不知道自己能够写多好，但就像画画一样，她只是想要把心中所想的用纸笔表达出来。

但是，接过三毛的文章之后，顾福生一直没有表态。他没有对三毛所写的文章做出好或者不好的评价，还是照常教三毛作画，这让三毛心底好不容易压下去的自卑又浮了上来，她开始恍恍惚惚，觉得自己一定是写得很差。顾福生不想打击她的自信心，所以才故意一字不提的。

无精打采地过了好一阵子后，就在三毛已经快要淡忘这件事时，顾福生突然对她说，她的文章要在白先勇的《现代文学》刊登，问她是否同意。三毛当场怔在原地，不敢相信地看着顾福生。她本以为顾福生将她的文章抛在了脑后，没想到竟然将她写的文章推荐到了白先勇那里。她不敢相信，但是她看着顾福生的眼睛，知道老师没有骗她。她不知道该说些什么，想要哭，又忍着不愿意落泪。

“第一次的作品，很难得了，下个月刊出来。”顾福生还是云淡风轻的样子，仿佛一切的发生是理所当然的。他的平淡，令三毛稳定住了排山倒海的情绪，没有过多的赞赏，也没有刻意的评价，只是简简单单的一句话，顾福生令三毛得到了意外的肯定。她一直自卑地将头快要低到了泥土中，就算是写文章，也只是抱着试一试的心态，没想到顾福生会给她这样的惊喜。

怀揣着自己写的文章要变成铅字的秘密，惴惴不安地过了好几日，三毛觉得时间从未过得那样缓慢过。当三毛从顾福生的画室接过印有她文章的《现代文学》时，第一反应便是跑回家给父母看。三毛的父母接过那本杂志，翻到了印有三毛名字的那页，愕然地再三确认，三毛看到他们眼中闪出了泪花。

人总是要学着慢慢成长起来，这个过程中，旁人的拉扯和指引都只是外力，只有让自己的心突破了禁锢的壳，才能真正长大。三毛在那个时候逐渐懂得，自己的人生再不起眼，那也是独一无二的。她开始在不知不觉中走出家门，不再整日把自己锁在卧房中，在离家不远的地方散步、玩耍，虽然还是一个人，但她不会再觉得与世界格格不入了。

有一天，三毛在外面闲逛时，看到白先勇朝她这个方向走来，两家原本就是近邻，三毛自然是认识白先勇的，但是她没有勇气上前打招呼，扭头就跑回了家。事后她对顾福生讲了这件事，顾福生问她为什么不上前打招呼，毕竟交些朋友也是很好的事情。

三毛低头不语。她没有朋友，她唯一的朋友就是顾福生还有他给的那些书。朋友是很好，三毛也希望自己有朋友，但她心里也清楚，有朋友的生活和她当下的生活是相隔于河岸两侧的，她的生活黯淡无光，就算是想要渡河前往河的那头，想要一头扎进对岸的璀璨灯火中，也是无船可乘的。

顾福生忙于自己的画画事业，三毛依旧跟随他学画画，在当时的三毛看来，只要能够与顾福生一起画画，那就是她生命中最好的光亮了。但是，事情有开始，便总有结束的那一天。三毛沉浸在永远陪在顾福生身边画画的念想里时，顾福生却亲口向她道起了别离，顾福生要前往巴黎追寻自己的艺术理想，他将不能再教三毛画画了。

巴黎是很远的城市，三毛在听了顾福生的告别后，脑子一片混乱，她不知道自己是怎么回到了家里，也不知道自己无法见到顾福生的日子应该怎么度过。顾福生大约也看出了三毛的失落，那天要找车送她回家，但三毛拒绝了，她一个人慢慢走路回家。短短的距离，漫长到看不到尽头，三毛知道，以后更长的路，也只能是自己一个人走了。在街灯渐渐亮起来的夜色中，三毛听着自己寂寞的足音，响彻在空旷寂寥的时光中。

不论怎样不舍，三毛都无法阻止顾福生的离去。每个人都有梦想要去寻找，顾福生踏上巨轮，漂洋过海去寻梦，而三毛留在原地茫然四顾，伸手想要抓住些什么，但到底是徒劳，两手空空。

自己的恩师，给自己开启新生命大门的人，就此离开，三毛却一句感谢的话都没能说出口。虽然顾福生不会介意，虽然三毛已经在心中演练了一万遍，但是，她终究没能说出那句“谢谢”。

在十年后的芝加哥，三毛与顾福生相约见面。在凛冽的寒冬中，三毛手里捏着写有地址和电话的纸条，她知道只要前往纸上的那个地址，她阔别十年的老师便会出现在她面前，她曾经视为生命中唯一瑰宝的人就会笑着望着她，欢迎她进门，一如十年前那样。但最终，三毛选择了不见。她不知道见了面之后应该说些什么，是热情的寒暄，还是故作平常的微笑？或者是互道彼此这些年的生活信息……

任何一种情形都不是三毛想要的，在面对顾福生时，那个自卑的少女依旧没办法坦然。三毛眼睁睁看着时间在自己的犹豫中溜走，当她与顾福生约定的时间最终过去，她好像放下了心中的重负，那个改变了她一生的人，到底还是应该留在记忆中才是最好的。

那天深夜，雪下得很轻，就像三毛对顾福生从未停止的思念一样，无声无息，埋进心田。

心若无处停留，哪里都是流浪

三毛的文章令人们沉浸于其中的浪漫之中，向往三毛的经历，但三毛自己却说她的生活一点也不罗曼蒂克。她曾听过一首流行歌曲，唱的什么我背着我的吉他去流浪，带着什么花之类的，三毛觉得那样的歌词完全是瞎写，是没有流浪过的人才会写出那种“伪装”浪漫的话来。她去流浪，并非是为了追求浪漫，她一生流浪于世界各地，是因为读书或者工作，或者为了与丈夫生活在一起。三毛的流浪，只是因为她有自己追随的方向，而并非毫无目的地游荡。

流浪并不能够使人快乐。三毛离开台湾后，她并不觉得自己能够很容易地活得快乐，她不知道该如何找到这个问题的答案。也许在三毛的心中，快乐是不存在的，生活的本质就是给心找一处安顿的地方。

三毛小时候学画画，总是不能够很快进步，她不论画什么，都只是尚可而已，无法进入更高的境界。三毛认为自己是没有艺术天赋的那种人，但是她的内心又十分渴慕艺术。她将艺术当作是自己的信仰，不光是画画，舞蹈、音乐、戏剧，她都是很喜爱的，大约这种喜爱与她父亲从小在艺术上的灌输也有关系。

虽然喜欢画画，但三毛却不喜欢上学校的美术课，美术老师凶巴巴的，十分严肃，还总是规定出许多画画的条条框框，让三毛感到拘谨。三毛画桌子，画出三条腿之后，第四条腿无论如何也不知道该画到哪里才协调，如果她画人物或者鸟兽，都是统统向左看的，一旦让这些向右看，她就无从下笔了。正是因为总是画得不够好，三毛就常被美术老师留下来打扫教室。放学后，瘦小的三毛总是拎着一大桶水，吃力地去给教室擦地，心里也不觉得有什么，谁让她画不好画呢。

更让三毛觉得痛苦的是，美术老师总是让大家规规矩矩地画画，不让学生展开自己的想象力。三毛是一个想象力十分丰富的人，但是她的想象力总是成为美术老师打击的对象。三毛不理解，如果只是照着实物画画，不如拿照相机去拍照好了，但是她心底的反抗又不敢对老师讲出来，只好自己闷闷不乐。

在美术上无法发挥自己的想象力，三毛只好转向作文发展。她用文字施展自己的想象力，在文学世界里，她的想象力得以生长，学校的生活也觉得还算过得去。三毛有一阵子喜欢玩单杠，每天清晨总喜欢像蝙蝠一样倒挂在单杠上，直到倒挂得流出鼻血才高兴地翻下来，然后将滴落在脚底的鼻血用沙土蹭掉。

有一天，三毛倒挂出鼻血，正用袖子擦掉的时候，路过的一个少校看到了她脸上的血迹，便让她别擦了，带三毛去自己附近的住所，递给她一条毛巾擦脸。在少校的房间里，三毛看到了墙壁上挂着一幅比报纸还要大一些的素描画，是一个小女孩的脸，美得好像天使一样。

三毛盯着那幅画，看得呆呆立在原地，她在那一刻忽然明白了什么才叫美的真谛，那是美术老师从来没有教过她的。自从那天之后，三毛常常跑到少校的窗外，愣愣地望着墙上的那幅画，在三毛的心里生出一种缠绵的爱意，那是对美的理解在生芽。

三毛的心里十分热爱画画，但是能力有限。无法画出可以表达内心感受的画，三毛才去写作文，但在她心里，对画画的喜爱一直都在。她变得越来越不愿意上美术课，因为美术老师根本无法教会学生们什么是美，他只是在教学生如何临摹，将一个物品“复制”到纸上去。

看到毕加索的画册时，三毛整个人都战栗了，她想不到这世上还会有人这样画画。她抚摸着画册上的每一幅画，爱不释手。三毛知道她看到了一种生命，在毕加索的画作上，三毛看到了从心底生出的生命力。三毛也希望自己能够领悟和创作这种生命力，她希望自己的心是鲜活的，有创造力的，而不是死气沉沉，按部就班的。

在三毛休学后，她不知道自己能去做什么，她的堂哥说将来要成为一个作曲家，去维也纳演出。三毛想起了毕加索的画册，她决定将来要去嫁给毕加索。三毛当时觉得自己就是毕加索画笔下的女人，当她长大之后，就会成为艺术家都欣赏的那种美丽的人。三毛希望能够与看得懂自己美的人在一起，这是她的心愿。

之后回忆起小时候的想法，三毛并不觉得可笑，她只是那时候的生活的直接经验太少，只能靠那些人为的间接的人生经验去设想自己的人生未来。三毛的心一直在跌跌撞撞地寻找一个栖息之地，她流浪在人世途中，就是为了停止流浪。

多年之后，在德国展出的毕加索画展上，三毛流连忘返，感动到眼睛都舍不得眨一下。看着那些画作，她知道毕加索的灵魂正在画中望着她，她也透过那一幅幅画作，看到了美真正的样子。

追求美，追求自由，追求心灵的归宿，三毛在追寻的途中，也幸好有人帮扶她，才让她不致迷路，不致跌倒之后爬不起来。三毛跟随顾福生学习画画，顾福生令三毛打开了紧闭已久的心门，而另外一个人，则是让三毛清楚了自己在这个世上还能够走怎样的路会让自己愉快和安心，那个人就是白先勇。

三毛家与白先勇家离得很近，白先勇的家就在三毛家的转角处。三毛很小的时候，就知道了白先勇，只是她那个时候胆子很小，又很自卑，不敢上前搭话。一直到顾福生将三毛的文章交给白先勇后，三毛也没有勇气与白先勇见面。很多年过去，三毛游历了世界一圈，再回到台湾岛内，她坐在一个堆满书稿的桌前，给白先勇拨通电话。

白先勇不认识三毛的声音，问是谁。三毛对他讲起自己和他是邻居，还讲了许多两家的情况，三毛通过电话，喊出了白先勇的名字。她终于有了勇气，与白先勇讲话，只是她不再是当年那个瘦弱的小女孩，而是成长为一个内心布满伤痕，但依然坚强微笑的女人。

过去的洪荒，最后也不过是化为了这一声呼唤。三毛小的时候，会偷偷注意白先勇家。她看到白家每日都有很多人进进出出，她当时也很想随着那些人进入白家，但是她始终没能够迈出那一步。虽然白家的那扇门，就在三毛的眼前，几步的距离，三毛整整花费了十几年的时间才走到。

当年的往事，对一个内心藏着自卑的女孩来说，已经是天涯海角，远得不可触及了。在顾福生把三毛的文章交给白先勇之后，三毛就每日忐忑，她担心自己的文章被白先勇否定，又担心白先勇喜欢自己的文章，想要见自己。每日担心和忧虑，三毛有时远远地看到白先勇，都会拔腿就跑。

文章终于发表了，白先勇认为三毛写得很好，三毛喜极而泣。对于别人来说，在杂志上发表一篇文章，可能只是小事一桩，但是对于三毛来说，却是无意间种下了一生执着于写作的那颗种子。年少时期的三毛，觉得自己无所事事，做什么都做不好，但是她的文章竟然能够发表在《现代文学》上，三毛知道了自己还能够做些什么。

刊登了文章，三毛还是没有勇气去见白先勇。她想要对白先勇表示感谢，但是不敢主动找他说话。她不敢坦然地站到白先勇面前，说自己就是写《惑》的那个人，三毛也不知道自己在怕什么。她只是害怕，她的青少年时期，在害怕中度过大半时光。

长大后，三毛渐渐懂得了年少时自己的恐惧，那是对世界的畏惧，因为弱小，所以惧怕。在三毛给白先勇打完那个电话之后，第二天他们见面了。从小就关注白先勇的三毛，在二十年的岁月之后，终于与白先勇面对面地坐下了。看到白先勇，三毛心里还是很慌张，恨不得立刻逃跑，但她到底不再是二十年前的瘦弱少女了，三毛与白先勇聊起了多年前的往事。

白先勇提到《现代文学》多年前组织过一次舞会，那次三毛也在场，穿了一件秋香绿的衣裙，缎子的腰带上，戴着一朵绒做的大兰花。三毛没想到白先勇注意过自己，而且这么多年过去，他还记得自己穿着的细节。

半生的光阴岁月，像一场游园惊梦，三毛承受了许多人的恩惠，师从顾福生，让她人生有了转折点，改变了茫然无知的少女时代，而投稿给白先勇，则是在她的人生中施以了很强的一股力量，将她向前方推了推。小时候的三毛，爱的是《红楼梦》里的林黛玉，柔弱，才情横溢，而长大后的三毛爱的是王熙凤，现实，真实，明亮。

生命中的人来了又走，有的还会见到，有的一生永别，对于三毛来说，每一位给予她恩惠的人，她都记在心里，就算再也不会见面，也永远不会忘记。生命尽头的琼花一朵朵凋落，繁华落尽，曲终人散，多少沧海桑田都变成了过去的梦幻泡影，回想起来，命运小路上的那几个人，永远带着明亮笑容，立于风中。

第二章

万水千山，告别已不见的我

我们三十岁的时候悲伤二十岁已经不再回来。我们五十岁的年纪怀念三十岁的生日有多么美好。当我们九十九岁的时候，想到这一生的岁月如此安然度过，可能快乐得如同一个没被抓到的贼一般嘿嘿偷笑。相信生活和时间。时间冲淡一切苦痛。生活不一定创造更新的喜悦。

——三毛

梦想是拾荒者的礼物

从小的时候，三毛就不是一个讨人喜欢的孩子，在学校里，老师对她也常常批评，因为三毛总是表现得“与众不同”。有一次，老师让学生写作文，要写每个人的理想是什么，写完之后，老师让三毛念自己的理想。

“我的志愿是我有一天长大了，希望做一个拾破烂的人，因为这种职业，不但可以呼吸新鲜的空气，同时又可以大街小巷地游走玩耍，一面工作一面游戏，自由快乐得如同天上的飞鸟。更重要的是，人们常常不知不觉地将许多还可以利用的好东西当作垃圾丢掉，拾破烂的人最愉快的时刻就是将这些蒙尘的好东西再度发掘出来，这……”三毛大声地朗读起来，可是她还没有念完，就被老师不耐烦地打断了，老师顺手丢过去一个黑板擦，砸到了三毛的同桌身上，吓得三毛停止了朗诵。

老师认为三毛这篇作文简直是胡说八道，念着书却说自己将来长大了要当拾破烂的人，那干脆不要念书好了。老师让三毛重新写一篇作文，于是，别的同学都下课了，三毛只好又写了一篇作文。

第二篇作文，三毛写自己长大了之后，希望做一个夏天卖冰棒、冬天卖烤红薯的小贩。她认为这种职业不但可以每天走街串巷地玩耍，还能够沿着街巷，一边做着生意，一边翻找垃圾箱里有没有被人丢弃的好东西。这交上去的第二篇作文，也被老师否定了，她让三毛继续重写。为了不被老师揪着不放，三毛只好闭着眼睛胡乱写了起来，她写自己的理想是当一名医生，能够在长大之后拯救生命。这一次总算过关了，老师给了她的作文一个甲，还说这样的理想才是真正的理想，才是不辜负父母期望的理想。

哪有什么理想是为了父母的期望而存在的呢？三毛不能够理解和赞同老师的话，但是她小的时候，为了不被老师处罚，也只好写一些老师希望她写的作文。但是在她心目中，并没有改变自己的理想，她还是觉得拾垃圾是一项很好的职业，虽然她长大以后并没有成为一个拾荒者，但她却一直保留着拾荒的习惯。

三毛的第一个玩具就是她从地上拾来的。她小的时候，手边没有什么商店买来的玩具，小孩子的玩意儿大多是就地取材，比如从树上采下一片叶子，就可以当作哨子玩一天；比如把一根笔管当作管子吹泡泡；再比如筷子用橡皮筋绑紧就可以当手枪玩。在三毛小时候的意识中，玩具都是随手拾来的，而且都很好玩，很有趣。

在家门外的路上，她捡到一支弧形的树枝，就像滚铁环一样一面跑一面跟着前面逃的人追，树枝点到谁，谁就“死”了，这样的树枝就是三毛的第一个玩具。她很喜欢这个玩具，称这个玩具是“点人机”。那时候三毛大约三岁，还是懵懵懂懂的时候，她就觉得在路边能够发现生活中最好的东西，可以说她当拾荒者的念头，在三岁的时候就种到了心里。

拾荒是一项很专业的工作，三毛不能同意老师说的如果要当拾荒的人，就可以不读书直接跑街上去翻垃圾。拾荒者最需要的就是眼力，这不是一天两天就能练就的技能，需要时间的锤炼，还需要耐心。三毛从小就喜欢东张西望，她走在路上，就像走在一座巨大的宝藏里，四处都有可供她搜寻的宝物，只要她眼力够好，她就能够发现让她惊喜的宝贝。

在三毛小的时候，她拾到过一颗狗的牙齿，一个漂亮的空香水瓶，一个小皮球，有时候运气好的话，还能够拾到一角钱。这些都是靠着她细致的眼力找到的，所以三毛一直在心里笃定地认为自己将来如果成为拾荒者，肯定会是一名很好的拾荒者。

梦想没有贵贱之分，只要是自己喜欢的道路，哪怕旁人都不理解，自己也要坚持走下去，因为那是心里的声音在引导着。小时候的三毛，只要走在路上，根本不用认真盯着脚下的路，只要用眼角一瞥，她就能够知道哪些东西是可以拾起来的宝贝，哪些东西是不用理睬的，童年的三毛在这小小的拾荒乐趣中怡然自乐。

青少年时期，三毛还是喜欢拾荒，她那个时候非常喜欢木制品，一切木头做成的东西，都让她移不开眼睛。看到被锯下来的树枝丢在路边，她会仔细挑选，把那些树枝背回家，当作宝贝一样放进自己的房间里，每日看着它们，就像对着一件世界上稀有的珍宝一样。三毛每日一点一点地从外面拾各种木头带回家，擦拭干净，摆放到房间的各个角落里。在三毛离家远去异国时，还对父母千叮咛万嘱咐，让他们千万照顾好自己那一屋子的“宝贝”，直到她的父母保证就算是搬家，也不会丢掉那堆东西，三毛才放心地离家远行。

离开了家，三毛在马德里生活的时候，最初她觉得生活空荡荡的少了些什么，因为那时三毛还受着情伤，又是在异国他乡，她也无心去拾东西，所以在马德里读书的那几年，三毛觉得人生很苦闷，虽然也交到了几个朋友，但心底的愁绪还是无处排解。那个时候，她心灵蒙着一层灰，觉得人生无趣，可是又没有改变的办法。梦想在那个时候，对于三毛成了一个遥远的词汇，她已经忘记了小学的课堂上，她志得意满地读着自己写的作文，称自己要做一个快乐的拾荒者。

时间总是能够帮助人们忘记很多东西，也能够帮人们看清很多事情。不再上学之后，三毛与三个女孩子合租了一个公寓，同住女孩子丢掉的旧衣服、杂志之类的东西，都让三毛收集了起来，她觉得儿时的快乐又重新找回来了。她将那些别人眼中的废物收集、改装，让它们焕发了新的生命力。三毛将它们改造成了布娃娃、游泳衣，等等，看着那些成品一件一件地出现在自己面前，三毛觉得生活好像拥有了变魔术的魔力，拾荒的旧梦一幕一幕清晰地浮现到她眼前。她觉得自己的生命并没有完全地枯萎掉，拾垃圾并非是一件不体面的事情，面对它的人的经验和艺术修养不同，就会有不同的回报。

在三毛的眼中，所有的垃圾都是暗含着未来的宝物，她不会因为一件东西不能用了而嫌弃它。在她看来，那些被丢弃的东西都是上天赐予她的礼物，它们不值一文地被丢弃在路边，但是在她手上获得了新生。她拾荒并非是为了生存的需要，而是为了自己生活中的快乐。

“拾荒的趣味，除了不劳而获这实际的欢喜之外，更吸引人的是，它永远是一份未知，在下一分钟里，能拾到的是什么好东西谁也不知道，它是一个没有终止，没有答案，也不会有结局的谜。”三毛想如果自己到老了的那一天，一定要亲自动手做一本书，将她从小到老所捡拾的东西都写上去，然后将这本书包起来，丢进垃圾场里，等着有一天，有另外一个人会无意之中捡到这本书，打开读过之后，将书好好珍藏起来，然后也会拥有一个拾荒的梦想，开始拾垃圾，那么，自己一生的拾荒梦，就会有人继承下去。对于那些别人丢弃的东西来说，它们会觉得欢喜。

如果有来生，要做一只飞越永恒的鸟

与人交往，和善为先。在三毛从小受到的教育里，不论是老师还是父母长辈，一直都是这样教她的。所以，在三毛的概念里，与这个世界打交道时，自己首先要摆出笑脸，才不会受到欺负。但三毛向来脾气固执，嘴巴不够甜，不够讨人喜欢，这样的女孩子将来到了社会上，只怕是会吃亏的。父母总是这样担心三毛。让他们没想到的是，三毛有一日居然闹着要去西班牙，在父母身边都觉得她没办法照顾好自己，一旦放出去，保不准会受多大的罪，所以，三毛想要出去的要求一直不被父母批准。

三毛的外祖父是一个生性洒脱的人，性格很有趣，他八十多岁的时候，还喜欢说起自己在英国时交往的漂亮女朋友。在三毛一心要离开家去海外的时候，父母多番阻挠，不希望她外出，一来不想她吃苦，二来觉得女孩子留在身边最妥当。三毛却始终坚持，称自己要去游学四海。为了三毛这固执的态度，她父母忧伤得很，倒是三毛的外祖父看到三毛已经打定了主意，觉得自己的外孙女既然这样坚定，那就不要阻挠，于是就对三毛的父母说道："你们也不要那么担心，她那种硬骨头，谁也不会爱去啃她，放她去走一趟吧。"

既然外祖父都发话了，三毛的父母也只好放行。他们送三毛登机时不停地叮嘱三毛凡事要忍让，与人为善，要心胸宽大一些。带着父母念叨的这一箩筐话，三毛进入了西班牙一所学院学习。她住的是一个四人间的宿舍，从小到大，三毛都没有和这么多人同住的经验，一开始觉得很新鲜。三毛没有忘记父母的叮嘱，她凡事都讲和气，与宿舍同学相处得很是融洽。三毛觉得自己的人际交往技能学得还不赖，自己内心扬扬得意了很久。

一开始，宿舍的内务都是四个人一起做的，时间久了，就变成了三毛一个人在做，同宿舍的女生渐渐不再干活，所有的事情都成了三毛的事情。她要整理自己的床铺，还整理别人的床铺；她打扫地板，还要丢掉垃圾。做这些事情的时候，她同宿舍的女生除了给她一个笑脸之外，什么忙也不帮。三毛几次提出要大家一起做内务，但那三个女生只是口头答应，并没有实际行动。三毛因为心里牢记父母叮嘱，坚持要与人为善，便默默自己做着整间宿舍的内务。

虽然做了许多不属于自己的“劳务工作”，但是半年下来，三毛已经是宿舍里最受欢迎的人了。她更加觉得父母的话是“灵药”，于是，不论谁委托她做的事情，她都答应照做。三毛有许多漂亮的衣服，就有很多女生来找她借衣服，在借衣服的时候对三毛一点也不客气，对她的衣服也是挑挑拣拣；还有人拜托她帮忙带东西，或者帮忙收衣服。在宿舍里，如果三毛没有及时打扫卫生，宿舍的女生会指责她，仿佛打扫宿舍卫生只是三毛一个人的责任。总之，很多事情都找上了三毛，在人家的口中，三毛是最好的人，人人都喜欢三毛，但是三毛的心情却越来越不好。

三毛开始反思起自己的行为，也反思父母的交代到底对不对。她不明白自己为什么要做到凡事退让，她对周围的人尽量做到最好，但她并没有得到应有的尊重。三毛陷入困顿之中，她不知道自己听从父母的叮嘱是不是错了。

有一个晚上，宿舍三个女孩子挤在三毛的床上偷偷喝酒，大声说笑，三毛觉得心里很烦，让她们不要再闹了，或者去别的房间，她们没一个人理会三毛，当三毛是空气一样。三毛忍无可忍，将窗子敞开到最大。当时天气很冷，一个女孩叫起来，让三毛关窗，三毛不肯，和她争辩起来，吵闹声惊扰了院长。院长不问是非黑白，走进宿舍冲着三毛就发了脾气，不但说知道她是个不好的学生，一直在偷卖避孕药，还说她一点也不安分，大晚上吵得大家都睡不了觉。

三毛当时气坏了，明明不是她的错，却要把过错安到她的头上，还给她扣了一个“莫须有”的过错。三毛激动得大哭起来，她冲出房间，拿起走廊上的扫把冲回去，对着宿舍的同学一通乱打，所有人都吓坏了，四处逃窜。院长被三毛的行为气得脸色铁青，她勒令三毛第二天必须当众道歉。三毛激动得把手边能够着的东西一股脑地统统朝院长身上丢去，院长被打翻的花瓶洒了一身的水，围观的女生没有人敢上前拉住三毛，院长对三毛说了许多不客气的话之后才走。

院长离开后，宿舍的女孩子收拾了被丢弃在地上的东西。之后几天，宿舍的女孩对三毛敬而远之，三毛也不再“与人为善”。她冷冰冰地和周围的同学相处，她不再把自己的衣服借出去，也不再每日打理宿舍内务，但是她发现一切都在变好，没有人再麻烦她做任何事情，宿舍的卫生也变得很好。

以前，三毛尽了太多不属于她的义务，可是并没有人感激她的所作所为，现在，三毛豁出去了，她和所有人都闹翻了，她不再笑嘻嘻地答应每个人的请求，可是所有人都没有为难她，反倒尝试着与她接近。之前总是要求三毛帮忙的人，在三毛收起了自己的好脾气之后，反而会问三毛是否有需要帮忙的事情，有的人甚至还会去讨好三毛，三毛越是冷淡，那些人越是对她热情。

就连一向严厉的院长也主动找到三毛，希望与她讲和。三毛发现父母在自己临行前交代的那些“准则”在她读书的地方并不适用。她当然希望做一个有教养的人，但是在没有教养的社会里，她只能做一个蛮横的人才能建立威信，才能更好地与人相处。虽然这个理论听起来很不可思议，但这是三毛通过亲身体验得出来的。

后来，三毛去德国留学时，她分到了一间单人宿舍，她隔壁住着一个金发的冰岛女孩子。那个女孩子喜欢和男生交往，对女生总是很冷淡，她与三毛虽然住得很近，但她从来不会与三毛打招呼。本来三毛也不喜欢与不熟悉的人搭讪，倒也乐得清静。但是这个女孩喜欢交男朋友，隔三岔五就会在房间里开派对，吵得三毛头疼不已，念书一个字也念不进去。

三毛忍了一段时间之后，隔壁的女孩子丝毫没有收敛。三毛觉得不能这样无休止地退让了，于是在自己这位邻居又一次深夜开派对的时候，她前去敲门警告，请隔壁的女孩声音小一点，因为自己实在没办法休息。但冰岛女孩对三毛的警告不以为然，还粗鲁地将三毛推了出去，不予理会。三毛只得去找学生宿舍管理处的学生顾问解决问题。

听了三毛的抗议，那位顾问却认为三毛是故意为难自己的同学，在说假话，因为其他学生都没有前来投诉，只有三毛来投诉，顾问认为三毛是在与自己的同学故意作对。三毛气不过，她回去后对隔壁的噪声录了音，然后拿了证据再次找到了那位顾问。面对真凭实据，那位顾问只得乖乖处理，他一边处理还一边望着三毛叹息，说三毛不像中国学生，因为中国的学生总是很温和，而三毛却锱铢必较，实在特别。

听了这样的话，三毛不知道该哭还是该笑，她只是维护自己正当的权益，却被这样奚落一通。后来，那位吵闹的邻居终于搬走了，三毛可以安心地看书，不用再担心半夜被吵醒睡不着了。

朋友相知，不在多，而在交心。

那件事情过去没多久，在食堂吃饭时，三毛遇到了两个中国女生。她们看到三毛并没有表现得友好，而是一个劲地在议论三毛过于强悍，才来到学校没几天就和隔壁同学吵架，还说三毛没有教养，丢了中国人的美好传统。

那些话让三毛十分恼火，但她不想争辩，独自端着餐盘，坐得离那两个女生远远的。三毛通过这件事又明白了一个道理，人与人之间没必要做懦弱的忍让，吃亏不是福气，而是不讲原则。三毛要做一个讲原则的人，她不愿当一个唯唯诺诺的胆小鬼，她也不愿意背着有涵养的好名声去委屈自己。

离开了父母的庇护之后，三毛才发现世界果然不如自己想象中那么和善可亲。在家的时候，家里人对她是无限包容，不论她做了多么错的事情，家里人永远不会嘲讽她、讥笑她，可是当她独自一人面对全世界，站在毫无遮蔽的荒野上时，三毛发现自己以前是多么幼稚可笑，她把这个世界想象得过于简单了。

但是，这个现实残酷的世界用自己的方式教会了三毛应该如何生存，应该如何与人交往，应该如何面对自己。小孩子总是想要赶紧长大，青年人就想着赶紧长出胡子，中年人又想要扮年轻，而老年人常常忘记自己的年纪。人的一生就是一场明确的旅行，小的时候想要了解整个世界，长大之后又怀念小时候的简简单单。成长是一种蜕变，走了旧的，来了新的，很公平。岁月教会三毛自由的可贵，在流逝的时光中，她渴望做一只飞越永恒的飞鸟，看尽春花、秋月、夏日、冬雪。

朋友的可贵，在于自由

三毛曾在文章中写过：朋友是五伦之中的一种人际关系。这种人际关系不能够要求相互做到百分百的付出，但是真正的朋友却是能够在你最无助的时候，给予你继续生活下去的勇气和力量。朋友与朋友之间是不同的，三毛认为朋友必须分类，就像图书那样，每种类型不能混到一起，不然在需要的时候匆忙去找，很容易找错类别。朋友之间的这种关系，锦上添花当然可贵，雪中送炭更是极品，真正的朋友，就像是一杯好茶，淡而不涩，清香但是不扑鼻，山长水远，心中挂念。

在前往撒哈拉沙漠后，三毛一直被许多朋友关注着，毕竟远离家乡，三毛又是那样怯生生的性格，会让许多朋友替她担心，朋友们会给她写信，问候之余，大多是鼓励的话语。三毛看到那些信后，十分感动，她也想要给每一个朋友都回一封详尽的信诉说自己在沙漠的情况，但是时间毕竟有限，她也不能一一回复，但是她的朋友们不会因此而责怪她，大家还是会一如既往地关心她，却不会要求她做些什么。

因为了解，所以朋友之间的相处会更加自由，彼此知道对方是什么样的人，不会打破相互之间的默契。

“朋友的好处，在于可以自由选择。有些，随缘而来，有的，化缘而来。更有趣的是，朋友来了还可以过，散了说不定永远不会再聚。如果不是如此，谁又敢交朋友呢？”三毛一生交友无数，有些随着岁月的流逝逐渐走散，有些一直留在了她的生命里。

三毛去美国求学时，第一个住处是她的一个好朋友事先帮她租好的房子。三毛对那所房子一无所知，只知道她是和两个美国大一的女生一起合租。她抵达的当天已经是深夜，她朋友把她送到住处后就离开了。三毛拿钥匙开门，却发现房门被反锁，她进不去。三毛用力拍打房门，门打开了，屋子里一片漆黑，但是房间里好像有着无数的鬼魅。三毛细细在夜色下观察，发现屋子里的女孩都是全身赤裸，她们身体的重要部位涂着荧光粉，在黑暗中闪闪发光。

初来乍到，就遇到如此新奇的场景，三毛与新室友打过招呼之后，就拖着行李箱去了自己的房间。穿过客厅时，地上躺着的人一动不动，三毛尽量小心，以免踩到她们。那群人吸着大麻，点着印度的香，虽然不是很吵闹，室友也是友爱、和平的，但是三毛到底还是不习惯那样的氛围，在住了一个月之后，三毛果断地搬走了。

与人交往，三毛有自己的原则，虽然那些人友爱、和气，但是他们的世界与三毛的世界格格不入，两个世界的人是无法做朋友的。三毛是个很实际的人，但她的室友们活得十分空虚，所以三毛认为自己应当早早离开，选择与自己是同一世界的人合租，当朋友。

搬去另一个宿舍之后，三毛遇到了用功的室友。住在她对面的女孩子，是一个十分勤劳的硕士生，每天都学习到深夜，几乎每天夜里都要打字到凌晨两点。三毛心里很赞赏她，觉得她这样认真的女孩子很是少见，虽然打字声让三毛无法静心看书，但是她也没有想要去和那位女生计较。

过了很久，有一天夜里，三毛在看书，她听到那位女生打字的声音消失了，知道她应该要准备睡觉了，三毛也打算再聚精会神地看一会儿书就睡觉，却听到了对门的女生来敲自己的房门。

三毛开门后，对门的女生开门见山地指责她，称三毛房里的灯光从门上的玻璃透出来，影响自己整夜失眠，一开始她不提，只是想要三毛自己主动熄灯，但没想到三毛丝毫没有反省的意思，她这才不得已上门提醒。

回头看了看自己桌上摆放着的那盏小台灯，那样昏黄的灯光别说影响到对面房间人的睡眠，就是与三毛同住一间屋子，那灯光的影响也是微乎其微。三毛本不想与对门的女生计较她打字的声音，却不想她主动来招惹自己，三毛离开家生活已经很多年，见惯了各种各样的人，也见识过形形色色的刁难，所以她并不生气，只是就事论事地对那个女生说："你不是也打字吵我？"

对门女生丝毫不觉得羞愧，她说自己已经不打字了，让三毛把灯熄灭。三毛看了她一眼，说自己不熄灯，还要看书，让那个女生可以继续打字。说完之后，三毛就把门轻轻关上，从此和对门的女生老死不相往来。

与多少人交恶，三毛并不在乎，不理解自己的人，讨好也没有用，早在马德里读书的时候，三毛就在这方面上过深刻的一课。三毛不是一个不好交往的人，她为人直接，是个简单的人，与三毛做朋友，凡事不需要思虑太多，只要有什么说什么就可以，十分轻松。三毛也是一个喜欢轻松状态的人，她不苛求别人，更不会苛求自己，合得来自然能够成为朋友，但合不来就不必勉强自己和对方。

朋友交往，在于你情我愿。三毛在美国读书时，有些男同学会约三毛出去，遇到可以聊得来的，三毛也会同他们出去吃饭、喝茶，朋友多交一些总是没坏处，三毛也喜欢听不同的人讲不同的故事。有一次，一个法学院的男生约三毛去喝咖啡，他们在咖啡馆聊了一会儿天，男生提议开车兜风，三毛同意后，二人一起离开咖啡馆。

男生并没有征求三毛的同意就直接将车开到了校园湖边一处僻静的地方。他停下车，打开音乐，双臂自然地环在了三毛的身上。男生想做的事情不言而喻，三毛当下并没有翻脸，她只是把车窗打开，把音乐关掉，然后坦然地对那位男生说他找错人了，让那个男生非常下不来台。

确定三毛不愿意后，那个男生开车把三毛送回了宿舍。三毛下车后，男生非常自然地向她建议刚才咖啡的钱要 AA 制，三毛马上打开钱包付钱给那个男生。经过这样的事情，两个人自然是不会再当朋友，之后遇到，也是当彼此为路人。不过，这也正合三毛的心意，愿意就说愿意，不愿意就说不愿意，不勉强自己为了配合别人而做不情愿的事情，自己轻松，别人也不会再有进一步的想法和打算。

还有一次，三毛与一位女性朋友一起吃饭，她们各自买了三明治，那位朋友又要了一盘“炸洋葱圈”，她吃不完的洋葱圈就让三毛吃，三毛也没有客气，就将盘里的洋葱圈吃光了。结账的时候，那位女性朋友说三毛刚才吃了一半的洋葱圈，自然也要付一半的钱，三毛觉得这话合情合理，也就果断掏钱包付了账。

在金钱方面，三毛总是不计较，对待朋友，她一向是很大方的。但三毛希望朋友之间能够存在起码的尊重和透明，她不喜欢被计较和算计，那样的友谊是三毛不需要的，所以，三毛遇到她认为不公平的事情总是会提出来，曾一度被人认为性格很古怪，但三毛也无所谓，她自由地选择朋友，别人自然也可以自由地挑剔她。

自由是三毛的追求，如果有人想要限制她的自由，她是断不能允许的。在美国时，三毛认识了一对中年夫妇，他们无儿无女，对三毛就像对待女儿一样。那对夫妻生活优裕，常在假日接三毛去各处兜风。有一天，那对夫妇请三毛吃饭，称他们要收养三毛做自己的女儿。这让三毛十分震惊，她丝毫没有准备，就突然被通知成了别人的女儿。那对夫妇还认定三毛一定会愉快地接受，因为他们能够给三毛很好的生活条件，但是他们要求三毛一生不能结婚，只能与他们生活在一起，如果三毛中途离开，他们的财产三毛一分钱也不会得到。

这在三毛看来就是交易，她当时气得胃都痛了。她将那对夫妇当作朋友，却没想到那对夫妇想用遗产交换她的青春。三毛当下不愿发脾气，她维持着中华传统的温和秉性，与那对夫妇道了别，离开了他们的家。三毛独自走在飘着雨雪的校园里，看着肃杀的夜色，她想到了在家中时的自己，又想到了刚出来时的自己，再想到如今的自己，她所经历的那些人，那些事，有些让她的心冷得发抖，有些也会让她心中一暖。人世间就是这样，各色人等，悉数登场，将来会遇到什么样的人，无可躲避，但是起码有一点可以由着自己选择，那就是想要谁留在自己身边做朋友。

三毛想不到，在许多人优雅的外表下，藏着的却是一颗自私自利的心，他们一心想到的只有自己，丝毫不考虑别人的处境和心情。三毛想自己一定不要成为这样的人，三毛想自己再也不要见到那对夫妻了，就像那些马德里的室友，想要与她发展男女关系的同学，等等，这些人她遇到了，之后便会与他们远离，因为他们不是她想要的朋友。

知音实在不必太多

朋友的相知，最可贵的在于彼此之间那份无条件的信赖，这份信赖建立在可以彼此自由选择的基础之上。朋友之间的缘分，聚散无常，今朝还是惺惺相惜的密友，明日就天各一方，再也不会相聚。所以，朋友之间那份情感也是很神秘的，说不上什么时候来，也说不上什么时候走，友情就算再深厚，当缘分散尽，昔日的良友也就会成为陌路。

对于朋友真的不必去要求太多，凡事随心，再亲密的朋友，也不能失了分寸，自以为熟悉得很，结果反而在双方间生了隔阂。在三毛看来，朋友间不要牵扯到利益纠纷是最安全的，一旦涉及利害关系，很有可能会成为对手或者陌路，这样的例子数不胜数，三毛不愿意她和朋友之间变成这样。

三毛的性格淡泊，她与朋友间的友谊也是君子之交淡如水。荷西出事后，三毛回到台湾岛内，与同学朋友见面时，哀哀戚戚地这样说道："荷西失踪那天，我整夜祷告，我不信神，可是为荷西，神却是我最后的求助。我说上帝，我用所有的忏悔，向你换回荷西，哪怕是手断了，脸丑了，都无所谓，一定要把我的荷西还给我。陪我的西班牙老太太告诉我，她看着我的头发一夜间，一点点地都变白了。"

朋友深知三毛的性格，压抑着巨大的悲哀在心里是她的常态；三毛总是不愿麻烦旁人，哪怕是被朋友安慰，在她看来也是对朋友的打扰。所以，朋友们大多不会说更多的安慰话，只是倾力相陪，以纾解三毛的悲伤。

三毛有一个笔友叫作张君默，是香港人，两个人书信往来多年，不曾见面，虽然只是笔友，但彼此都了解很深。在三毛失去荷西，整个人犹如灵魂被抽走一般时，张君默写了一篇文章鼓励三毛。在文章的最后，他写道："她的心魂都在异域，那个有欢乐、有悲伤的海岸正在等待着她归去，而我们，则在等着她燃起第三度生命的火花。”

之所以说到燃起第三度生命的火花，因为早在荷西之前，三毛就痛失过爱人，在辛苦挣扎了好久之后，三毛才再度振作起来，可是老天待她并不公平，幸福平和的日子不过才拥有了几年，就又一次被打破。

真正的朋友不在于见过几面，不在于交往多深，而是当你受伤时，他（她）总能精准地了解到你最需要的是什么。有一次，三毛和父母从欧洲返回台北，路经香港时，她找了一个电话打给张君默想和他说说话，但是阴差阳错，两个人没有能够通上话。挂断电话，三毛心里惆怅无比，虽然香港离台湾并不算远，可是这样一错过，又不知道什么时候才能再通话，再见面了。

虽然三毛一直认为朋友不一定要见面相聚，因为她觉得依自己的性格，就算真的碰面见到了，很可能将会面变成一次尴尬无语的场景。这样的事情是三毛不愿意看到的，她宁愿大家用纸笔畅谈，也不想见面只是苦笑。人生本就苦涩，难道还要将为数不多的朋友之情也变得寡淡无味吗？

三毛同张君默的通信不算多，但是张君默的文章，三毛大多细细读过。识人先识文，虽然一个作家的文章并不能代表这个作家的全部，但是三毛认为张君默的文章写得诚恳真挚，为人应该也是如此。

从张君默的文章中，三毛感到他是一个生活中的哲学家，还是一个悲天悯人，具有大情怀的文人，这点很让三毛佩服。在张君默的文章中，任何的小事经他的笔写出，都颇有趣味，文中有情怀，也有感伤，有对美好的追求，也有无奈和妥协。三毛深深地了解这些情绪，因为她也是这样的人，看过张君默的文章，三毛从心底觉得两人是惺惺相惜。

两个未曾谋面的人通过彼此的文字了解对方，算得上是知音。“喜欢君默的是他如一幅泼墨画，再浓的书，也留了一些空白，他懂得透透气，哪怕是几分钟也好，这内心的‘闲静’是一个聪明人才能把握的。更欣赏他的赤子之心，好似生活复杂，情感没有归依，整日又在生活的洪流里打滚，可是他的童心，总也磨不掉，你给它机会，它便会显出头来，这是最最可贵的。”三毛对张君默的评价很高，他们相互欣赏，又不会互相约束。

张君默在给三毛的一封信中写道：“人的不快乐，往往是因为对生命的要求太多而来的，如果我们对这个人生一无所求，便也不会那么痛苦了。”虽然每个字都是点到为止，但是三毛还是能够懂得张君默是在安慰自己。三毛对这份心意心领了，只是“多情却是总无情”的道理她明白，张君默一定也明白，三毛可以接受张君默的安慰，但是不会吞下这份劝说，因为她有自己的坚持。

在三毛的一生当中，她最不肯做的事情就是随波逐流，平平淡淡地过一生。她一生都在追寻远方，虽然岁月容易催人老，人世坎坷波折，但是三毛知道如果自己不去寻找，便是一日也活不下来。至于想要去追寻什么，三毛也无法回答出来，她只知道她必须向前去追，不然她就会死。

这些话，三毛不必同张君默讲，张君默自然是能够懂的，他们虽然过着两种完全不同的生活，但是他们的内心世界都是相通的。

对于朋友这两个字，三毛觉得很难下定义，因为朋友比不上“天地君亲师”那么自然明了，每个人定义自己心中的朋友，都难免会从主观出发。她总是认为朋友的相交，就贵在知心，朋友不必太多，只要知心，一个也就足矣。就像三毛与张君默，虽然是君子之交淡如水，但是他们心意相通，彼此能够了解对方，这样的朋友交往起来，会让彼此都觉得得到了应有的尊重。

“青年人交友，出于一片热切之心，恨不能朝朝暮暮，生死相共。这种出发点是可以欣赏而且了解的，因为人类常常觉得内心荒凉，期望有一个倾诉的对象。而青年朋友许多心事羞于向父母启口，朋友便成为极为重要而急切的精神寄托，这也是十分合理的心态。问题是，当人一旦忘记了距离的‘极重要’和‘必需’时，太过亲密的交往，往往将朋友这一个随时可能改变的关系，弄成复杂，甚而难堪。”在给一位读者朋友的回信中，三毛谈到了自己对朋友的理解，她认为朋友最不可取的就是霸占或者单方面地强求。在她看来，人们对朋友的失望，大部分的原因是对方做的无法达到自己的要求标准。三毛认为这个很没有道理，人们不能总是要求别人去达到自己的要求标准，这不是人们应该有的权利。

不去强求朋友，也不被朋友所强求，君子之交淡如水，三毛很欣赏这句话，也认为这是她理想中的朋友状态。与朋友交往，不必要求朋友一言一行都达到自己的标准，只要感到内心欢愉，知道朋友心中有自己，而自己的心中也有朋友就够了。

“知心朋友，偶尔清谈一次，没有要求，没有利害，没有得失，没有是非口舌，相聚只为随缘，如同柳絮春风，偶尔漫天飞舞，偶尔寒日飘零。这个‘偶尔’便是永恒的某种境界，又何必再求拔刀相助，也不必两肋插刀，更不谈死生相共，都不必了。这才叫朋友。”在信的最后，三毛对那位读者说朋友就是细水长流的关系。不过对于朋友这个话题，三毛也知道自己所讲的不过都是自己理解中的朋友定义，她认为每个人都有自己对朋友的理解，她尊重每个人的想法，也保留自己的想法。

三毛觉得如果能够和自己做好朋友，才是最自由的，因为和自己做好朋友，可进可出，若即若离，可爱可怨，可聚而不会散，才是最天长地久的一种好朋友。只是，如何能够做到真正地了解自我，和自己成为朋友、知己，也是人生路上的一种修行，要看每个人的心境与诚意。

梦里梦外，不知此身是客

三毛一生的兴趣很广，也很多，但是真正算起来，读书应该算是三毛一生最大的爱好。在小时候，三毛总要应付老师给出的作文题目，把自己的兴趣爱好写得令老师满意。作文本上的人生，只是给老师交作业的，三毛不会当真，她真正的兴趣，就是读书，这是她内心真正的乐趣。

小时候，三毛被老师羞辱后，不想再去学校，常常逃学，没有地方去，也不知道该做什么，她就去坟地里读书，因为坟地安静，人少，可以让她静心地钻进书里的世界，无人打扰，很畅快。

《红楼梦》《水浒传》《十二楼》《会真记》《孽海花》《大戏考》《儒林外史》《今古奇观》《儿女英雄传》《青红帮演义》《阅微草堂笔记》……都是那时候三毛在坟地中读完的。三毛喜欢读书，愿意将读书当作自己永远的追求，她觉得如果余生的岁月都能交付给书本，在她看来是一件乐事。她专门找人刻了一枚印章，叫作“不悔”，红红的印泥盖下去，两个字触目，却是心里所想。如果因为看书而隐居，丧失了一般交际、应酬的朋友，三毛也不会觉得损失了什么，她不悔，她愿意为了读书而失去世间其他的娱乐活动。世人眼中的繁华，在三毛看来，都比不上书架上的书越来越多。

虽然热爱读书，但三毛却不会刻意去读书，就好像她总是流浪，却并非是刻意让自己去流浪。人世间的许多事情，她只不过是在游玩，书里的去处很多，就像一座大观园，她四处游玩，一直到许多年之后，她觉得自己还有许多地方没有去过。这个世界也同样如此，她行走在路途中，她想要去更多的地方。

喜欢读书，成年之后又满世界乱跑，三毛在家的时间少得可怜，但是她同家里人的关系一直很好。她亲戚的小孩写过一篇关于三毛的文章，从文章中可以看出三毛虽然总是不在家，但家里人对她一点也不陌生，而且都很喜欢她。

我都被人问死了，一天到晚被问我的阿姨三毛在家里是什么样子。我的阿姨就是一个最普通的阿姨，跟天下的阿姨都差不多。有时蛮宠我们小孩子，有时很久看不到她。说起阿姨的讲话，真是一绝，她讲起故事来明明坐在沙发上，可是故事的背景、气氛、人物、时空，都会活活地出现在我们眼前，像催眠术一样，听得她不让我们出来，我们就出不了故事，太棒了，这一点和别人的阿姨很不相同。

阿姨写了好多首歌和诗之间的东西，都放着不发表，到了晚上就在电话里念给我听，叫我做试验品，每次都问懂不懂？懂不懂？如果我懂了，她就不改字，如果不懂，她就改成浅白的字。我是阿姨密藏文章的听众。她也有调子唱给我听。

我从来没有厌过阿姨的语言，她好像那个《一千零一夜》里面讲故事的女人，阿姨的话是讲不完的。我们家的人，都少看阿姨的书，因为她讲话比写书又生动太多了。听她就够了。

不论是读书还是流浪，三毛都只为自己高兴。她做人自自然然，待人也是轻松实在。她将自己当作这尘世间的客人，与人和气，不过分亲近，即便是与自己的家人在一起，也保持着松散的疏离感。三毛总是在离开，她的一生注定无法在一处待得长久。她好像不断闯入别人梦中的精灵，不知什么时候，就会消失在日光下。

有时候，深夜读书，三毛蓦然回首，突然会分不清自己身处何方，时间模糊了风景，灯火阑珊处并没有人在守候她，孤影飘零，如秋日落叶一样。

三毛飘零在外多年，回台湾岛路途遥远，她远离家人，常常会感到形单影只。不过人生总是处处逢缘，在海外的时候，也有人对三毛表示要她把他们的家当作是自己的家，三毛虽然心领这份好意，但是家这个词，对于三毛来说是一个很私人化的词语，她希望自己的家只有自己的家人，而别人的家，她也不愿意擅自闯入。

三毛搬离撒哈拉之后，来到加纳利岛上居住。她的邻居是一对瑞典老夫妇，过去是做医生的，退休之后选择来到加纳利岛上生活。荷西因为工作的关系，没办法始终陪在三毛身边，所以许多事情需要三毛亲力亲为。她收拾新房子的时候，所有的事情都是她自己做，从早忙到晚，没有人帮忙，也没有朋友来看望。

形单影只的三毛激发了隔壁老夫妇的同情心，他们每天都会站在窗口张望，看到三毛的高负荷工作量，显得忧心忡忡。有一天，老爷爷终于看不下去了，他跑来阻止三毛继续干活，他担心三毛再干下去会把自己累病。三毛知道他是好意，但是她不想停下手中的工作，也不愿多解释什么。她的固执让老奶奶也赶了过来一起劝解，那对老夫妻一定要拉着三毛去他们家里吃饭，三毛因为自己又脏又累，就坚定地谢绝了他们的好意。

看到三毛这样执拗，那对老夫妻只能不停地强调，让三毛一定不要客气，将他们家当作是自己的家，每天要去他们家里一趟，让他们帮三毛量一量血压。最开始的时候，三毛觉得盛情难却，想着自己前去打扰一两次，那对老夫妻也就不会再那样热情了，可是没想到，那对老夫妻真的把三毛当成了自己的女儿一样对待，每日都为她准备饭菜，还操心着她的身体状况。

既然如此，三毛便是再也不肯去那对老夫妻家里了。老夫妻是她的近邻，但是也仅仅如此而已，她自己的家都不怎么回去，却要将别人的家当作自己的家，这是她不愿意做的，更何况她对于那对老夫妻来说，本来就是客人，怎么能够反客为主呢？三毛向来不喜欢与旁人过分接近，她认为自己是客人，客人就应该有自己的界限和分寸。

当三毛因病返回台湾时，她刚下飞机，就看到母亲在机场的人群中等着她。三毛推着行李走出来，母亲就喊起了三毛的小名，两个人朝对方奔去，母亲不说一句话，只是抱着三毛不停地落泪，三毛更是泪流不止。她离家那么久，看着面前的母亲，似乎更瘦弱了一些，年岁不饶人，她与母亲都更老了一些，两个人都生出了白发，三毛恍惚间，觉得她不是母亲的女儿，而是一个突然造访家里的客人。

十几年的光阴恍如一梦，在三毛提上行李前去马德里求学后，她回家的次数屈指可数。她父亲提出抗议时，她说因为机票太贵，而她太穷。可是当她穿越了时间，来到自己家人面前时，发现时间的距离横亘在她与亲人的面前。她与他们亲近，可是又不像小时候那样的亲近；她对他们生分，可是他们毕竟是血脉亲人，不会生分到哪里去。三毛回到家里，觉得自己又幸福又哀愁，在母亲和父亲的庇护下，她不再是三毛，不再是任何人，她只是父母的女儿，她在他们的爱中可以解除一切防卫。

但是，午夜梦回，她看着窗外东方大白，心中的滋味又很复杂，人生有那么多的感情牵绊，让她想躲又无处躲，境由心生，人生只是黄粱一梦，她这一生，是谁的亲人，是谁的客人，她自己也说不清楚。

第二章 爱情如禅，不可说，一说就错

花没有了，阳光下露出来的是一片黄黄干干的尘土，在这片刺目的，被我看了一千遍一万遍的土地下，长眠着我生命中最最心爱的丈夫。

——三毛

真正的爱情，就是不紧张

张爱玲的《爱》一文中写道："于千万人之中遇见你所要遇见的人，于千万年之中，时间的无涯的荒野里，没有早一步，也没有晚一步，刚巧赶上了，那也没有别的话可说，唯有轻轻地问一声：'噢，你也在这里吗？'"人的一生之中，会遇到数不清的过客，有的来也匆匆，去也匆匆，有的停留徘徊，但最终还是放手离去，到底真正的爱情会在何时降临，生命中正确的那个人会以何种方式出现在身边，就像一道无解的数学题，令许多人迷茫，三毛当然也不例外。

有一次，三毛问父亲当年是如何向母亲求婚的，当时父亲在看报纸，听到三毛问这样的问题略有吃惊，他回答道：“我没有向她求婚。”

“那她怎么知道你要娶她？”三毛感到惊讶，追问了下去，但她父亲并不想和她纠缠在这个陈年旧事上，随便说了几句打发了三毛。三毛觉得自己的问题没有得到解决，便又拿着同样的问题去问了弟弟，弟弟对三毛的问题也不置可否，他没有给出三毛满意的答案。在三毛看来，父亲和弟弟虽然不肯讲求婚，但是他们的表情是很快乐的，可见他们对自己的爱情从心里感到甜蜜。

三毛觉得求婚这件事情，并没有那么俗气，完全可以拿到台面上来讲一讲的，她不明白家里的男人为什么会故作冷漠。三毛一向对人与人之间的情感看得很明白，她第一次求婚发生得很早，在小学最后一年。那件童年往事后来被她写成了一个短篇叫作《匪兵甲和匪兵乙》。三毛觉得那时年幼的自己内心深处萌生的爱意也不可以说是不作数的，在学校排演的话剧中，她爱上了演匪兵甲的隔壁男生，年少痴恋，每日竟也茶饭不思，觉得无精打采，有些为伊消得人憔悴的劲头。

虽然三毛内心很想向那名男生求婚，但女孩子的颜面告诉她不能鲁莽行事，她无奈之下只好每日向上天祈祷，希望能够将来嫁给匪兵甲。这段小小的插曲在长大后回忆起来觉得可笑幼稚，但细细回味当时的少女心事，真的是充满了炙热的爱，其中的苦痛和痴迷更是让那时的三毛觉得爱情是折磨人心的东西。

小孩子的纯粹单恋，无关乎事业地位，无关乎柴米油盐，不过就像微风恋枝头，蝴蝶恋花蕊，简单真实，完全发自本心。懵懂的单恋并未让三毛尝到爱情真正的滋味，但是也隐约让她知道了爱上一个人，大概就是心里被塞满的感觉。当三毛长到十六岁的时候，那个隔壁班的小男孩早已被她忘到了脑后，有许多男生追求她，那些男孩子常常会去她家门口等她，痴心不悔的样子，三毛觉得有些好笑。

在三毛家的信箱里，也会时不时塞进情书。有一天，三毛在信箱里发现了一封淡蓝色信封的情书，没有贴邮票，看来是直接丢进信箱里的。从第一封蓝色情书出现开始，每隔一周就会出现一封，十分准时，三毛收到信后便收起来，没有告诉父母，也没有对任何人说起过。过了好几个月，她在家附近的巷子里看到了那个写信的人，是一个住在附近的大学生。他们没有交谈，只是彼此对视一眼，三毛便转身回家，将房门关上，亦将那个年轻人的爱意关在了门外。

后来，那个一直写情书的大学生在寒暑假回到香港侨居地的时候，会给三毛寄来香港地区的风景明信片。在明信片后，他这样写道："有一天，等我毕业了，我要娶你，带你来坐轮渡，看香港的夜景。"

简简单单的话语，很是严肃，字里行间流露出的是对爱情坚贞不二的决心。年轻的时候总会不遗余力地相信，这世上爱上的第一个人，只要努力与等待，便会一起牵手走过大江大海。三毛依旧保持沉默，她不同任何人讲这个年轻人的事情。后来，有的时候，三毛在黄昏时分出门，能够看到他恰好站在电线杆子下面，双手插在口袋里，目光温柔地注视着自己，眼神里全是期待。

三毛从他身边走过，直直地经过，不回头，不对视，就好像经过的是一个毫不相干的陌生人。那个年轻人也不生气，也不追赶，只是默默地注视着三毛的背影。有的时候，三毛会在走出好几步之后，回头看他一眼，在彼此的眼神中，时光温柔地流淌。

少年纯真的爱情，不苛求，不物欲，只是每日站在远处看上一眼，心里也是欢喜的。那个年轻人就那样爱了三毛好几年，在他大学毕业之后，依然对三毛念念不忘。他回到香港，给三毛写来的信中，详细写下了他父亲在香港的公司地址，还有他的家庭住址，家里的电话号码，写得很仔细，生怕漏掉一丝一毫可供三毛找到自己的信息。最后，在信中，年轻人这样写道："我不敢贸然登府拜访，生怕你因此见责于父母，而是耐心等着你长大。现在我人已将不在台湾，通信应该是被允许的。我知你家教甚严，此事还是不该瞒着父母，请别忘了，我要娶你。如果你过两三年之后同意，我一定等待……"

这样的爱情真的很令人感动，完完全全地为着被爱的人考虑。但可惜的是在那段时期，三毛正在她人生最为灰暗的岁月中煎熬，她忍受不了世界的不公平，在学校无法忍受老师的欺辱，更想不出自己将来有什么出路，整个人无精打采，对任何事情都提不起一点点的兴趣来。自然，对那位年轻人的示爱也就睁一只眼闭一只眼了。

在三毛休学在家的那几年，那位爱着她的年轻人依旧给她写信，蓝色的信封不间断地出现在三毛家门口的信箱里。世间的人和事总是要讲个机缘，三毛和那个年轻人大概就算是阴差阳错的有缘人，他们曾在茫茫人海中遇到过，三毛对他并不讨厌，甚至还总是会从他温柔、痴情的眼神中得到某种感动，但他们相遇的时间却不对。在那段黯淡期，三毛觉得任何事情都无法点燃她的生命火花，纵然那个年轻人是如此爱她、要娶她，给她一辈子的承诺，但对于当时的三毛来说，都无法让她打起精神来应对。

于是，对于这样一个痴情的人，三毛也就错过了。爱情是礼物，是从天而降，直直砸进人心的礼物，三毛当然渴望自己拥有一份真实的、纯粹的爱情。在她小的时候，就对爱情有着期待，童话中的公主总是会有王子前来搭救，三毛也希望在她的人生中，会有一个真正的、属于她一个人的王子来与她相会。

但在爱情的这条道路上，三毛总是走得不顺利，交往过的男人，总会因为各种原因无法和她走到最后，即便是她最爱的荷西，也在与她结婚几年后，因为一次意外而离世。对这个世界付出了太多的爱，却总是收获甚微，三毛的文字中时刻弥漫着淡淡的忧伤，因为她的一生总是爱而不得，或得到又失去。老天对她也算宽待，给予她如钻石般耀眼的才华，但同时对她也很刻薄，让她一生寻求所爱，又失去所爱。

三毛真正的初恋发生在台湾。很快，三毛就向那个人求婚了，但可惜被拒绝；三毛不甘心，又第二次求了婚，但还是被拒绝。求婚失败后，三毛就哭，哭完了接着再求，但那个男人始终不肯答应。心被伤得次数太多，三毛承受不来，她在爱情的世界中本来就不是什么强者，于是，三毛离开了台湾地区，去了马德里。

在异国他乡，三毛想要重新开始新的生活。在一个人也不认识的陌生城市，寂寞自然是无可避免的，但三毛不怕寂寞，她只是怕自己一生飘零，无人能够真正地懂她。对于三毛来说，真正的爱情，就是不紧张。三毛的内心始终单纯得如一个孩子般，她爱上了谁，就想要把自己的心给谁，可她不知道，当自己的真心被辜负时，自己所坦诚付出的爱皆会成为扎伤自己的利刃。

在马德里短暂得到平静的三毛，没有想到自己会那么快遇到荷西，她更是没有想到，荷西会成为她一生中至关重要的爱人。人生总是不可预料，无法揣测，三毛一心认为自己与这个年轻的男孩不会发生什么，她一心以为自己的爱情还在世界的某一处静静等待，她一点都不知道，命运早已在她毫不知情时为她带来了最好的那个人。

那个还不到十八岁的男孩子，帅气地站在阳光下的树荫里，仰头望着三毛的宿舍阳台，眼神清澈见底，嘴角挂着满满的笑意，只有见到三毛，他才会笑得那么灿烂。而这灿烂的笑容，也是三毛一生中最为珍贵的记忆。如果三毛能够早知道她会那么深爱荷西，她一定不会在最初的时候拒绝荷西；两个人在一起的时光那么短暂，早知离别来得那样猝不及防，一定会在彼此拥有的每一天好好珍惜。

世间总是太多遗憾无法弥补，生命是一曲孤独的协奏曲，每个音符都写满了寂寞。

对于三毛来说，荷西就像是一道洒落在她心间的祥和的晨曦之光，照亮了她整个灵魂。

爱情本是美好快乐的事情，但那段时间，三毛却一直在为爱情而苦恼，别人给予她的深爱，她无法回报，感到抱歉，又无能为力，觉得很对不起爱自己的人。

伤过，才知道有多深刻

遇到荷西之前，三毛那段刻骨铭心的初恋是她一生之痛，那段感情中，她把自己弄得遍体鳞伤。她始终称那是她的初恋，真正意义上的爱情，只是可惜，三毛付出全部心力，但最后结果却是以分手告终。当时的三毛万念俱灰，觉得在台湾岛内处处都是伤心地，便选择远走他乡，也正是因为如此，才有了她与荷西的相遇。

世上的事情很难说清利弊，人活一生，许多事情回顾起来，觉得当时真是可笑，但是身处那个时刻，便不会觉得荒唐。三毛为了初恋将自己折磨得形销骨立，多年之后，当她有了荷西的陪伴，再回想往事的时候，大概会觉得一切都随风而逝了吧。彼时看作比自己生命还要重要的那段爱情，此时看来只觉得恍如隔世，在错误的时间遇到不合适自己的人,这样的爱情再轰轰烈烈,也只会无疾而终。

“某些人的爱情，只是一种‘当时的情绪’。如果对方错将这份情绪当作长远的爱情，是本身的幼稚。不要担心自己健忘。健忘总比什么都记得，来得坦然。爱情的路上，坦然的人最是满坑满谷。一刹真情，不能说那是假的。爱情永恒，不能说只有那一刹。”三毛曾这样描写过爱情，她爱过，伤过，便更深刻地了解爱是什么。

当三毛在台北的文化学院读书时，她被老师和同学看作是学校里最有才华的学生，但三毛却认为真正有才华的不是自己，而是另一个比她高一级的男生。三毛刚入学的时候就注意到了这个男生，听闻他是个才子，写得一手好文章，已经出版了两本书，便特意去借了他的书来看，看过之后大为惊讶，想不到竟然会写得那么好，三毛便彻底被这个男生的才情所折服。

被三毛崇拜的男生叫作梁光明，是戏剧系二年级的学生。他是当过兵之后才来念大学的，读大学之前做过小学老师，在大学里一直是鼎鼎有名的才子，还有一个好听的笔名叫作舒凡。三毛很快将梁光明的一切都打听清楚了，她对梁光明的仰慕之心日益加深，总是想着如何在校园中与梁光明偶遇。

“我这一生所没有交付出来的，除了父母、手足之情之外的另一种感情，就很固执地全部交给了他。”在三毛写的《我的初恋》一文中，她坦荡地写到了那段爱情，一个十九岁的女孩子是如何燃起了爱情的火焰，如何不顾一切爱上了心目中的白马王子的。三毛对待梁光明，就好像耶稣的门徒跟随耶稣一样坚决，梁光明去哪儿，她就跟着去到哪里。梁光明去上课，三毛就跟在教室后面旁听；梁光明去饭馆吃饭，三毛就跟着进去坐到梁光明身后看着他吃。就这样紧追不舍地跟了三四个月，两个人都算是熟了，但是梁光明却始终没有对三毛做出任何的表示。这样不冷不淡的态度让三毛的内心很受煎熬，她不知道自己的单相思还要坚持多久才能换来梁光明的一点注意。

那段时间里，三毛想尽办法与梁光明碰面，她还曾替自己制造和梁光明同坐一趟公交的机会，想要借机介绍自己，正式为两个人的认识打开口子，但是让三毛感到难过的是梁光明根本不理睬她，她都没有说话的机会。

后来，过了不久，三毛的几篇文章发表了出来，她在学校请客，当她和同学吃菜喝酒时，梁光明走了过来。同学中有人喊住他，“今天陈平拿稿费，她请客，大家一起聚聚！”梁光明听后走了过去，三毛心里觉得很高兴，她想既然是自己请客，梁光明不会还像以前那样对自己视若空气吧。

三毛倒了一杯酒给梁光明，梁光明举杯一口喝光后，便转身去同别的同学喝酒了。三毛看着梁光明甩给自己的背影感到十分受伤，但同时她又不断地在心里安慰自己，梁光明越是躲着自己，就表明他越是心里有自己，不然他完全可以大大方方同自己讲话，而不是连对视一眼都不肯。

在聚餐结束后，同学们陆续散去，三毛一个人在操场的草地上散步，心里的伤感久久不能散去。忽然她发现不远处站着一个男生，仔细一看，正是梁光明。三毛当时心想既然梁光明不肯主动采取行动，那么便自己主动好了，在爱情中，总要有一方更加勇敢一些的。三毛不肯任凭自己的爱情错失下去，于是她鼓足勇气朝梁光明走去。梁光明看她走了过来，也没有躲开，两个人在操场上默默相对。

沉默片刻后，三毛从梁光明的口袋里拔下他的钢笔，将他握紧的手掌摊开，在上面写下了自己家里的电话号码。三毛心里觉得快乐多于紧张，她终于迈出了爱情的第一步。她将钢笔还给梁光明，嘴上不知道该说些什么，眼泪控制不住地掉了下来，她只好转身逃离，跑得慌不择路。那天下午，三毛逃课了，她回到家里守着电话，只要电话铃声一响，她就大喊是自己的，扑过去接起来。不断地失望之后，等到了下午五点半，三毛终于等到了梁光明打来的电话。他约三毛晚上七点钟在台北车站铁路餐厅门口见，三毛答应赴约，挂断电话后，心里还忐忑了好久。那是三毛人生第一次约会，她有些紧张得不能呼吸了。

爱情终于降临了，三毛与梁光明在一起的事情很快传遍了校园，同学们都很羡慕他们，觉得他们是一对才子才女。三毛也在幸福中度过了自己两年的大学时光，那两年里，三毛和梁光明在一起还算和谐。被幸福的表象蒙蔽了双眼的三毛失去了往日的敏感，她没有发现在这段恋爱关系中，早已出现了许多的问题。

三毛读大三的时候，梁光明面临毕业，两个人马上就要分开了，三毛的情绪开始不稳定。她对自己和梁光明之间的这段感情再次充满了不确定性，她不知道毕业之后，进入社会的梁光明还会不会继续爱自己，她不知道不能每日朝夕相处的两个人还能否有着一个明朗的未来……

种种的猜测令三毛不断想让梁光明保证他会永远爱自己，本来就脆弱的爱情关系变得岌岌可危。梁光明有些承担不起三毛的爱，他对三毛，本就没有三毛对他那样爱得炽烈，梁光明不堪重负。三毛在那时只觉得不能失去自己的爱情，对梁光明步步紧逼，甚至为了想要留住梁光明，向他求了婚，说自己可以退学，与梁光明结婚后会做好家庭主妇，也会帮着梁光明一起奋斗事业，会照顾好梁光明的。

三毛的热烈吓退了梁光明，他拒绝了三毛的求婚，理由是两个人还太年轻，他不想那么早就进入婚姻的围城。之后，三毛又求婚，但梁光明还是拒绝。一再的求婚失败，令三毛的负面情绪抵达顶峰，她割腕伤害自己，缝了二十多针。但不论她怎么做，她与梁光明之间的关系都在以无法挽回的态势破裂。后来，她以出走海外威胁梁光明。三毛并不是真的想要出去，但是她为了逼梁光明，一步一步办理好了手续，当手续真的办好时，三毛也怔住了，站在不得不面临选择的岔路上，她希望梁光明能够挽留她。

在三毛临行前的晚上，她苦苦询问梁光明：“机票和护照我都可以放弃，只要你告诉我一个未来。”

梁光明不肯说话，只是落泪。不论三毛如何追问，梁光明就是不肯说出“留下来”三个字。最后，梁光明对三毛说:“祝你旅途愉快。”这句话无疑让三毛如置身冰窟，梁光明起身准备离开，三毛扑到他身上哭喊起来。两个人心里都清楚这段纠缠了两年的感情马上就要结束了，没有任何挽回的余地，但是三毛还是不甘心，她不明白为什么自己付出全部感情的爱情，会这样收场。

但不论如何地想不通，逝去的爱情和时间一样是不可追回的。第二天，三毛便登上了飞机去西班牙了，三毛对梁光明的爱与恨都随着飞机的起飞，统统留在了台北。她曾说过：“在这样的年纪里，如果没有爱情，就是考试得了 100 分，也会觉得生命交了白卷。我不管这件事情有没有结局，过程就是结局，让我尽情地去做，一切后果，都是成长的经历，让我去，让我去！”

爱情到了这一步，三毛不得不走，她的执着把自己逼走了，也早早地将自己的初恋扼杀在了自己手中。三毛的父亲提起这段往事时，也不无感慨地说道：“我二女儿，大学才念到三年级上学期，就要远走他乡。她坚持远走，原因还是那位男朋友，三毛对人家死缠烂打苦爱，双方都很受折磨。她放弃的原因是：不能缠死对方，而如果再住台湾，情难自禁，还是走吧。”

知女莫若父，三毛总是情难自禁，对自己、对亲人、对爱人，她的爱满满当当，总是让被爱的人深感压力，在爱着别人的时候，三毛丝毫不觉得自己的爱是把双刃剑，伤了自己，也伤了别人。

三毛离家的那一天，口袋里放了五美元，还有一张七百美元的汇票单，三毛爸爸能够为她做的也只有这么多了。临行前，三毛跪下向父母磕头，没再多说什么。登上飞机的时候，三毛忍着眼泪，深深看了身后家人一眼，她走得很慢，可是固执地不肯回头，就算三毛的母亲哭得瘫软在栏杆上，三毛也没有转身。

那是一种决绝的姿态，三毛带着一颗支离破碎的心离开了台湾岛。到了西班牙之后，三毛最初还是沉浸在失恋的痛苦中，她不肯与人交流，做了三个月的哑巴，大约半年之后，她才开始学习语言，开始接触人群。那时，三毛给家里人写信，还会问起梁光明的消息，虽然一时难以割舍，但三毛还是在尽最大的努力试着开始新的生活。

物是人非，多年之后，梁光明说起他与三毛曾住得很近，他遇到过三毛同其他人走在一起，但他始终没有上前。而三毛也不曾旧事重提，她和梁光明都是历经人世的聪明人，过去的就是过去了，有些人就算当初多么不舍，时过境迁，也没必要牵扯到一起。没有爱过，永远不会知道爱有多甜；没有伤过，永远不会知道心有多痛，只有经历过，才懂得命运的深刻，才知道如何放下。

制造那么多遗憾的，偏偏是爱情

“如果有来生，愿做一只鸟。”这是三毛曾写下的句子，她一生流浪，渴望真正的自由，红尘天涯，觅得心安。

与荷西相识时，三毛正在马德里读大学，是个大三的学生。她那时有交往的新的朋友，对生活与爱情充满着憧憬与期待。虽然之前的初恋之伤令她内心还有着暂时无法愈合的伤疤，但是在新的城市，三毛努力做到全新开始。荷西是三毛就读大学附近的一所高中的学生，荷西的西班牙名字是 Jose，三毛为了方便写，就给他起了荷西这个名字。

但其实在三毛心里，觉得应该叫他“和曦”，因为对于三毛来说，荷西就像是一道洒落在她心间的祥和的晨曦之光，照亮了她整个灵魂。但是荷西觉得“曦”字太难写了，他怎么学也学不会，所以，三毛就教他写这个自己顺口喊出来的“荷西”了。

作为一名“稚嫩”的高中生，荷西对三毛的爱情炽烈而不讲道理。三毛起初并不想与这名小男生发生太多的联系，毕竟他还未满十八岁，在三毛心里还是个小弟弟，但荷西可不是那么容易放弃的人。在一个圣诞节的晚上，荷西戴着一顶法国帽子，等在三毛居住的公寓楼下想要第一时间送给她圣诞祝福和圣诞礼物。

在西班牙有一个风俗，圣诞夜十二点一过的时候，邻居们就要开始向左邻右舍送上祝福，对他们说“平安”，有点类似于中国的过春节要互相拜年的习俗。每个人的祝福都想要第一时间送给自己最在乎的人，荷西在那样一个日子，郑重地跑来和三毛道平安，可见三毛在荷西心目中的位置。

虽然荷西的执着让三毛很感动，也多多少少有些虚荣，毕竟荷西是一个十分帅气的男孩，居然这样不管不顾地迷恋自己。三毛心里有些开心，她曾暗暗想过，如果自己成了荷西的妻子，与他一同出门，被旁人看在眼里，会是十分羡慕的吧。

但是想归想，三毛可不想耽误小男生的前途，她便总是以姐姐的身份教训荷西，让他不要再逃课，还称如果荷西再逃课，自己将永远不再理睬他。虽然三毛故作严厉，但荷西并没有听进去，他依然我行我素地找三毛见面。三毛有一个朋友，同荷西住得很近，所以他们常常在一起打球，在下雪的日子里打雪仗，有时也会相约一起去逛旧货市场，但因为两人都没什么钱，只能东瞧西看，逛足一整天，什么也不买。

那时的日子很平静，也很美好，三毛可以自由自在地做自己，她对于未来没有想太多，只想享受每天的阳光。而荷西恰是那段时间闯入她平静生活的客人，但却是一个受欢迎的客人，三毛喜欢与荷西待在一起，同荷西在一起，三毛会觉得放松。

有一天，三毛正在学校的宿舍里看书，她的西班牙朋友跑来告诉她，她的表弟来找她了。三毛感到很奇怪，自己并没有表弟，她去阳台上一看，荷西抱着几本书等在楼下，浑身不自在的样子，像是紧张得要随时逃走。

在西班牙语中，“表弟”带有嘲弄的意思，三毛知道她的朋友误会了她与荷西的关系，但是她也懒得解释。三毛急匆匆跑下楼问荷西怎么会好端端地来找自己，荷西不说话，三毛看他抱着书，便又问他是不是没上完课就跑来了。荷西老实地回答说最后两节课他不想上了。

三毛不知该对荷西说什么，她总觉得自己比荷西大了好几岁，理应像一个姐姐一样教导他，可是在面对荷西的时候，三毛又做不出大姐姐那样的老成持重。荷西从口袋里掏出了十四比索西币，对三毛说这些钱刚好够买两张电影票，他希望请三毛去看电影，但是他们只能走着去，因为他没有多余的钱坐车了。

三毛看着荷西殷切的目光，答应和他看电影，但还是叮嘱他要好好上课，荷西很高兴。第二天，荷西又跑来找三毛，第三天、第四天、第五天……

于是，在三毛宿舍楼下的大树旁，总是出现一个帅气的高中生在翘首以盼，这让三毛陷入苦恼，而三毛的朋友们一看到荷西来了，便会对三毛喊："表弟又来了。"三毛只能一而再、再而三地对荷西说，让他不要再逃课，不要再来找自己了。

可是，荷西还是常常来找三毛。三毛是个很敏感的人，她能察觉出这个小男孩对自己的感情，但她不想说破，不想破坏两个人之间的关系。因为两个人总是没钱，每次见面就是在街头逛一逛，荷西见到三毛总是很高兴，话也很多，三毛却觉得她与荷西的关系不能再发展下去了，她知道这个男孩对自己是认真的，她不想让荷西伤心，毕竟自己是一个大三的学生，而荷西高中还没有毕业，他们之间不会有可能。

有一天，天气已经很冷了，三毛与荷西没有地方去，就只能把街头的板凳搬到地下车的出风口，当地下车经过的时候吹出一阵热风，会让他们暖和一阵子。在那天，荷西认真地向三毛表白："再等我六年，让我四年念大学，二年服兵役，六年以后我们就可以结婚了，我一生的想望就是有一个很小的公寓，里面有一个像你这样的太太，然后我去赚钱养活你，这是我一生最幸福的梦想。"

听到荷西的话，三毛感动得差点落泪。当时，他们两个像乞丐一样坐在板凳上，冻得瑟瑟发抖，但三毛心里却犹如春日阳光照耀般温暖，她不得不承认在自己心里也是喜欢这个男孩子的。但是，理智告诉她，她不能答应荷西，她不相信时间，也不相信承诺，对于三毛来说未来太遥不可及，六年的时光太漫长，她无法安之若素地等待这个从荷西口中说出的美好梦想去实现。

三毛对荷西说让他以后都不要去学校找自己，也不要再来纠缠自己。三毛的拒绝令荷西愕然，他小心地问是不是自己做错了什么。三毛说道："你没有做错什么，我跟你讲这些话，是因为你实在太好了，我不愿意再跟你交往下去。”说完之后，三毛便站了起来，她同荷西一起走到了马德里皇宫的一个公园里，在那个公园里有一个小坡，三毛决定将那里作为两个人分开的地方。她对荷西说：“我站在这里看你走，这是最后一次看你，你永远不要再回来了。”

荷西想要站在那里看着三毛离开，但三毛却不同意，她坚持要看着荷西从那个小坡离开，同时她要荷西保证从此以后不再来缠着自己。三毛那时的心情很复杂，她担心自己的冷淡伤害到荷西，毕竟初恋的情感是很脆弱的，但又担心荷西不肯听自己话，转头继续来学校找自己。

荷西看出了三毛的担忧，保证不会再缠着三毛。他知道在三毛心里是将自己当作了一个小孩子，他内心知道自己对三毛的感情有多深，但他更愿意看到三毛开心，于是，荷西郑重地和三毛道别了。

“Echo，再见！”

“再见，Echo！”

爱情在那个公园的夜色中画上了句号。当三毛与荷西道别时，天色已经很晚了，荷西一边向前跑一边回头，口里不断重复着道别与三毛的名字，就像是一场漫长而盛大的离别仪式，荷西渐行渐远，三毛留在原地。

马德里一向很少下雪，但是在那个夜晚，天上飘落了雪花。在漫天的雪花中，荷西渐渐跑出了三毛的视线，在茫茫夜色中，三毛几次忍不住想要张口喊道："荷西，你回来吧。"但最终她什么也没说。事后她总是回忆起那个飘雪的夜晚，想起十八岁的荷西在雪夜中与她的那场道别，那不是离别，而是铭记，荷西那一声声的呼喊，只是为了让三毛更深地留在他的脑海中。

自那天之后，荷西果然很讲信用，没有再来找过三毛。三毛有时会和同学出去，在街上遇到荷西时，三毛会对荷西介绍，"这是我男朋友。"因为担心荷西还是不肯轻易放弃，三毛便快速地交了一些其他的朋友，其中一个同班日本男同学，人很好，家境也很好，对三毛也很好，好到接近宠爱。三毛便与他在一起了。

日本男同学对三毛的好令三毛的朋友都看在眼里，后来当这位男同学买了一辆新车要当作订婚礼物送给三毛时，所有的朋友都劝三毛赶紧嫁给他。三毛不肯接受那辆汽车，她和日本男同学去树林里谈判。三毛有些紧张，一直以来日本男同学宠爱她，她也就随心地接受了那份宠爱，两个人在一起快乐相处，但她从没想过要结婚。

三毛的眼泪吓到了那位男同学，他只好安慰三毛道："不嫁没关系，我可以等，是我太急了，吓到你了，对不起。”三毛之后不肯再与日本同学相恋，她为了让男同学死心，还收了德国男同学送她的花，她还带着那位男同学去街上闲逛，恰好碰到了荷西。在三毛为他们彼此介绍的时候，荷西也是一脸温和的笑容，他用西班牙的礼节握着三毛的手，亲吻她的脸，轻声向她问好，也向那位男同学问好。

伤了那位日本男同学的心，也令三毛伤心，三毛自己心里内疚，但真的不知道该做些什么才好。她不愿伤别人的心，更不愿违逆自己的本心。爱情本是美好快乐的事情，但那段时间，三毛却一直在为爱情而苦恼，别人给予她的深爱，她无法回报，感到抱歉，又无能为力，觉得很对不起爱自己的人。

与荷西疏离的那段时日，三毛身边的男友总是换来换去，无法安定的感情生活，一如三毛无法安定的内心。

快乐是禁地，找不到进去的钥匙

快乐总是很难，因为人常常看不懂自己的心。在这一生当中，每个人都有迷茫无措的时候，犹如夜色中迷路的行者，在寒冷的没有边际的漆黑一片中，急于寻找一丝光亮，却毫无方向。

从小时候起，三毛就是一个不容易快乐起来的女孩子，大约与她的性格有关，过于聪颖与敏锐。她不是不愿快乐，而是总能轻易看到快乐背后的忧伤。她也很无助，她也想推开一扇门，迈进去就是快乐天堂，但可惜，那把开门的钥匙并不在她的手中。

在马德里的学业结束之后，三毛去了德国。她那位德国男朋友进了外交部工作，而她则继续在德国读书。那时他们已经稳定地交往了两年，但三毛心中依然没有涌起要嫁他的念头，心里虽然很平静，但就好像密不透风的一处私人园林，三毛只准许自己待在里面，不肯放任何人进去。

这样的心态，那位德国男朋友多少也是有感知的。在德国待了一年之后，三毛选择去美国，在西柏林机场，德国男朋友送三毛上飞机，他对三毛说道："等我做了领事时，你嫁给我，好不好？我可以等。"

人们总是对未来抱以厚望，许下愿望，认定只要坚持，一定会在将来的某一天得以实现。三毛登上了前往美国的飞机，她与德国男朋友之间的爱情也就此了断。人与人之间总是相遇，错过，错过，再相遇，兜兜转转，谁也不知道下一个遇到的人，会是自己真正想在一起的人，还是又一个生命中的过客。

去了美国之后，三毛发现生活并不如她事先所想的那样容易，于是她和在美国的堂哥通了电话。堂哥发现三毛就读的大学里恰好有他研究所以前的中国同学，于是就拜托了那位在读化学博士的中国朋友，请他多多照顾自己这个妹妹。

那位化学博士爽利答应了下来，并且还算合格地完成了这个“照顾”的任务：每天午休的时候，他就会给三毛送来三明治，水煮蛋，还有水果。每日接触，两个人渐渐熟络起来，三毛不傻，她能感觉到这位化学博士对自己的好感。一日，这位化学博士对三毛说：“现在我照顾你，等哪一年你肯开始下厨房煮饭给我和我们的孩子吃呢？”

这样直接而坦诚的表白令三毛忧愁，看着这个男人关切的眼神，三毛知道自己的内心并不属于他，但是她也不忍伤害他，心里十分惆怅。对于化学博士对三毛的追求，她的堂哥是十分支持的，多次给三毛打电话做思想工作，让她不要再犯傻，多看到对方的好，不要错过能给她踏实生活的男人。

三毛当然知道对方能够给自己带来什么，但她更加清楚自己真正想要的爱情，并不是对方所能给予的。在美国待了一段时间之后，三毛还是决定离开，在她登上回台湾地区的飞机前，化学博士问她要不要同自己结婚。三毛听后没有作答，只是伸手替化学博士整理了一下大衣的领子。能说些什么呢？虽然明知道对方是很好很好的男人，如果嫁他，一生定然会安稳妥帖，但是就是无法下定嫁他的决心。也许爱情还没降临，在三毛看来，同化学博士在一起是很好，但是她不够快乐。

回到台湾之后，三毛邂逅了一位画家，因为小时候学过画画，三毛与那位画家很是投缘。两个人很快聊到了一起，三毛还去画家的画室参观，两个人的恋情尘埃落定，很快到了谈婚论嫁的地步。三毛十分欣赏画家的才华，她觉得画家日后一定会被人赏识，他画室里的画会被放到展览上供人欣赏。

但是，对于这个未婚夫，三毛的父母十分反对，他们认为三毛这么快地决定结婚太草率，为此三毛和父母多次发生争执。不过最后的事实证明了三毛父母的理智是有道理的，那位对着三毛海誓山盟的画家其实早就有了家室，他对三毛说的那些甜言蜜语不过是情爱场上的一贯伎俩。

遭受了情感上的欺骗，三毛痛不欲生。三毛父亲为了息事宁人，不给三毛造成名誉上的损害，不惜给了那个画家一大笔钱了事。因为自己的事情又劳烦了父母操心，三毛觉得内心愧疚又愤懑，她不明白自己为什么每一次的爱情付出，最后都会落得形单影只的下场。那段日子，三毛郁郁寡欢，很令她的父母担忧。

为了让三毛重振精神，三毛的父亲鼓励她出去多运动，介绍她去打网球。三毛在打网球时认识了一个德国人，是一名年纪较长的德国教师，两个人一见如故，三毛同他在一起感到很平静。两个人在一起相恋后不久，德国教师在台北的星空下向她求了婚，三毛丝毫没有犹豫地答应了下来，内心十分安宁，丝毫没有起波澜。也许在那一刻，三毛终于想要进入婚姻的大门，同一个谈得来，并不讨厌的男人每日生活在一起，睡前握着彼此的手互道晚安，清晨醒来会给对方一个早安吻，在餐桌上讨论孩子的成绩，也会为了日常的琐事而争吵，这样的生活，三毛终于也想要拥有。

在求婚成功的那一刻，三毛看到德国教师眼眶红了，那位四十五岁的成熟男人，眼睛里饱含深情，三毛透过那样的深情，对自己未来的婚姻生活也燃起了期待。求婚成功后，他们一起去印了名片，将两个人的名字排在了一起，一面是德文，一面是英文；两个人为了选到心仪的字体挑选了很久，还选了薄木片的质地，印刷店说大约半个月后就可以将名片印好给他们。

但是，谁能够想到呢，三毛的爱情再一次从她身边溜走了，在他们挑选好名片的那个晚上，她亲口答应要嫁的那个男人因为心脏病去世了。就好像一场故意设计的玩笑，在三毛即将迈入幸福的门槛时，突然又将她狠狠掼在地上。世事无常，所有人都安慰三毛，天有不测风云，人有旦夕祸福，生病的事情，没人能够控制和预测的。这些道理，三毛当然知道，但是她想不通，为什么这样的不幸会降临到自己头上，她心甘情愿要嫁的男人，竟然会那样草率地离开了她，不留给她一丝挽留的机会。

席慕蓉在文章中曾这样写道："我今天才能明白。真的，要到今天，我才能知道，很多事情唯一的解决办法是只有等时间来证明，很多很多事情只有在回头看的时候才能够得到澄清。所以，在事情发生的当时，要生气或者要争辩似乎都没有什么用处，唯一能做的事情应该就只是安静地等待，等待时光和岁月把所有的证据拿出来。"

三毛一生漂泊，并非是她所愿，她只是没有办法留在台湾岛内，没有办法留在家里，她需要广袤的天地去治愈她，她的父母对此也十分理解。在三毛的世界里，她简单、直率，凡事只求真心，不计结果，自然也就会时常摔得头破血流，三毛不惧肉体上的疼痛，但她无法忍受心里的伤痕，但凡伤在心上，三毛会夜夜疼痛，难以入眠。

在荒唐的青春期后，三毛在外流浪几年回到家里，她想要常住台湾岛内，重新做人。本以为漂泊过的人，经历了那些世事，总该在行为上多些长进，但是没想到三毛还是迅速地栽了跟头，在一段感情中，她再次被重创，无法恢复。

幸而当时有父母和家人的陪伴，才让三毛在浑浑噩噩中重新站了起来。那段日子，父亲始终陪着三毛，不停地在她耳边说道："不要怕，有爹爹在，孩子，还有爹爹和姆妈在啊！"在父母怀中得到慰藉，三毛的创伤渐渐愈合起来，但是台北是个伤心地，三毛待在那里，触景伤情，她必须离开，才能真正忘掉过去。于是思虑再三，她决心再度离家，父母虽然不舍得，但也无可奈何。

三毛的母亲得知三毛的决定后，只是说出去散散心也好，外面的世界会让三毛变得重新开朗起来。三毛一直觉得自己对父母是亏欠的，她无法偿还，便让自己尽量安定下来，让父母放心，也算是一种偿还方式。

但是如何能够安定下来，三毛也是没有办法，她想要得到爱情，却总是失去爱情，她想要获得自由，却总是没那么快乐。幸好在三毛的生命中，一直有一个叫荷西的年轻人存在，而且从没有退场。三毛回到台湾岛内时，来了一个西班牙的朋友，朋友问三毛是不是还记得荷西，三毛说当然记得。那位朋友说荷西和从前大不一样了，留了胡子，也长大了。

那位朋友带来了荷西写给三毛的一封信还有一张照片。朋友问三毛想不想看，三毛说当然。因为在三毛的心底还是牵挂着荷西，她虽然没有答应荷西的示爱，但是不代表她不关心荷西。那个开朗的少年始终藏在三毛的心底，这些年的各地奔波，三毛也从没有忘记过有那样一个美好的男孩子喜欢过自己。

朋友将信递给三毛，三毛看到里面夹着的照片，照片上一个留着大胡子的男人穿着一条泳裤正站在海里抓鱼，她立即对自己的朋友说道："这就是希腊神话里的海神嘛。"荷西给三毛的信上写道："过了这么多年，也许你已经忘记了西班牙文，可是我要告诉你一个秘密，在我十八岁那个下雪的晚上，你告诉我，你不再见我了，你知道那个少年伏枕流了一夜的泪，想要自杀吗？这么多年来，你还记得我吗？我和你约的期限是六年。"

三毛反复读了几遍之后，将信收了起来。她托那位朋友告诉荷西，自己收到了信，并代为转达自己的感谢。三毛虽然很感动于荷西的惦念，但那时的她生活得并不轻松，因为感情的问题焦头烂额，对生活没有热情。荷西的信对三毛来说是一个意外，但也仅此而已，三毛不愿意打扰荷西的生活，她希望荷西继续做照片上那个有着健康肤色的捕鱼青年，而不是卷入自己的困扰中和自己一起不开心。

谁能想到三毛收到信后不过半年的时间，就又离开了台湾地区，前往了西班牙，缘分兜兜转转，该相遇的人，历经万水千山，终将会重逢。在经历了种种变故后，三毛无比怀念西班牙，那个热情的国家，也许只有去到那里，才能消融自己积攒在心中的忧郁。

启程踏上飞往马德里的飞机时，三毛还不会想到等待她的将会是人生的怎样一份大礼。有的爱，她怎么也抓不到手中，可有的爱，却一直停留在原地，从来不曾离开半步。那个叫荷西的男人，一直在等着她，就像海水的潮起潮落，就像太阳的东升西落，荷西对三毛的爱，永恒不变如自然界的规律。

没有什么目的，只是爱你

一个人，要经历多少磨难才会淡然面对世界？三毛重新回到马德里时，已经接近而立之年，三毛不再是当年那个冲动脆弱的小女孩了，她的脸上更多了一份坚强和韧性。三毛坦言道：“二到马德里，心情和第一次完全不一样，不仅没有离乡背井的伤感，想家的哀愁，反而有一份归乡的喜悦和心酸。”

同之前的求学不同，重返马德里的三毛需要找到工作，让自己能够在马德里安定地生活下来，好在她顺利找到了几份家教工作，还给杂志供稿，每个月的薪水不算多，但足以让三毛在马德里不愁吃穿用度。

三毛和三个女孩同住，一屋子的四个女孩虽然国籍不同，性格各异，但是很聊得来，彼此相处得很融洽。平时三毛向她们学英语，几人一起出去跳跳舞，逛逛街，算是异国他乡的暖心闺蜜了。新生活就这样慢慢拉开序幕，三毛心底的伤痛正在慢慢愈合，就在她渐渐走出阴霾之际，她遇到了荷西的妹妹。

荷西的妹妹知道荷西对三毛的感情，与三毛再次相遇，她决定出手帮一帮自己正在服兵役的哥哥。她央求三毛给荷西写信。在荷西妹妹的软磨硬泡下，三毛只好拿出纸笔，但是，三毛落笔时想到自己已经忘记怎么写西班牙文了。她本想就此放弃，但是荷西的妹妹不肯答应，她将信封写好，对三毛说只要在信纸上随便写点什么就好。

于是，三毛便只好写了一封英文信寄给了荷西。在信中，三毛短短写了几句，还留下了自己的地址。这件事随后就被她搁置脑后，但是收到信的荷西却大为激动。他不懂英文，便拿着那封信四处问人，但问遍了整个营地，都没有人懂英文。荷西不知道信里写了什么，也就不知道该怎么回信。

后来，荷西剪下了许多潜水者的漫画寄给三毛，还指出其中一个是自己。但是那封信没有得到三毛的回应，荷西急得不得了，便干脆打了长途电话给三毛，告诉她自己很快就要回马德里，要三毛等他。但是到了约定见面的那天，三毛完全忘记了这件事情，她和一个同学去了一个小城玩耍，当她回到住所的时候，与她一起合租的女伴告诉她有一个男孩打了十几个电话找她，快要急疯了。

三毛想来想去，怎么也想不到在马德里会有什么人这么焦急地找自己，正在那时，三毛接到了一位女性朋友的电话，称有很紧急的事情要和三毛商量，她让三毛火速赶到她家里去。不清楚发生了什么的三毛赶紧坐了计程车前去，一路上十分担心，害怕自己的朋友遇到了什么大麻烦。当三毛赶到时，那位朋友神秘地把她领到客厅，让三毛闭上眼睛，等待片刻再睁开。

不知道对方在搞什么鬼，三毛困惑地闭上眼睛，还特意把双手放在身后，她害怕朋友在她手上放小动物吓唬她。正当三毛心里七上八下地猜测到底会发生什么事情时，她听到有脚步声靠近自己，紧接着她就听到自己的那位朋友说要出去了，还没来得及睁开双眼，三毛就被一双有力的手臂拥抱了起来。

睁开眼睛，三毛看到荷西站在她面前，就好像一件不可思议的礼物摆到了她面前。三毛激动地大叫，不停捶打着荷西，但又忍不住捧着荷西的脸亲吻他，他们实在有太久没有见面了。荷西也很激动，他穿着一件枣红色的套头毛衣，三毛当时穿了一条拖地长裙，荷西抱着三毛在屋里转圈，裙角飞扬，那幅画面美极了。站在客厅外的朋友们，都看着他们开怀大笑。他们很了解荷西和三毛，知道他们虽然不是男女朋友，但他们之间的感情远远超过了爱情、亲情。

就这样重逢了，虽然相隔了六年，但时光并没有切断荷西对三毛的爱，甚至让他更爱三毛。他在这六年里读了大学，服了兵役，完成了从一个男孩到一个男人的蜕变。他变得更高，更结实了，他留了胡子，像一个成年男人一样站在三毛面前，但是他对三毛的爱情还是那样单纯，他爱着三毛，六年的时光里，每一分、每一秒都不曾消减。

三毛与荷西完全是两种人，三毛喜欢读书、写作，荷西热爱大自然，喜欢潜水；三毛总是独处，而荷西的开朗性格能吸引到很多的朋友，虽然两个人之间有着千万种不同，但有一点是相同的，就是他们对简单、自由生活的向往。在马德里重逢后，两个人开始越走越近，荷西还是一如既往地对三毛表达着自己浓烈的爱意，而三毛也渐渐发现，当初那个毛头小孩已经变成了可以让自己仰视的，可以依靠的男人。

一天下午，荷西邀请三毛去自己家里做客，当三毛到了他的房间时，正是黄昏时刻，夕阳将落，荷西指着墙壁上让三毛看，三毛抬头，看到一整面墙壁上都贴满了自己的照片，那些放大的黑白照片已经泛黄，金色的夕阳洒落在上面，令照片上三毛的容貌看起来有几分恬静柔和。

一张一张的照片挨着看过去，三毛沉默了很久，她知道荷西爱自己，她也爱过别人，爱情是人类的本能，谁都会爱，可是三毛没有想到，荷西的爱竟会这样炽热，比太阳光还热。三毛问荷西照片是从哪里来的，她与荷西久不联系，三毛不清楚荷西究竟是从哪里找到了自己的照片。

荷西老实交代从他们共同的朋友家里偷来的，因为在去那里玩的时候，看到了三毛寄过去的照片，就趁主人不注意，偷偷拿去照相馆把照片放大，然后再偷偷把照片还回去，放到原处。

三毛问："你们家里的人出出进进怎么说？"荷西有些不好意思地回答说家里人都说他发神经了，爱的人已经不见了，自己还偏要满墙贴满照片发痴。荷西的话让三毛鼻子发酸，但是她忍着不肯落下泪来，故意问道为什么自己的照片都变黄了。荷西赶紧解释说因为照片贴在墙上总是会被太阳晒到，就算是自己把百叶窗放下来，太阳还是会从百叶窗的条纹缝隙间晒进来。

荷西说话的时候，脸上一副很是抱歉的表情，好像他弄坏了这世上最珍贵的宝物。三毛看得于心不忍，在她与荷西的这段关系中，荷西一直处于弱势，远远注视着三毛，三毛告诉荷西不要与她联系，他便真的躲到一边，三毛说自己回到了西班牙，他便心急如焚地赶到三毛的身边。看到自己那些泛黄的照片，三毛随手从墙上取下一张，墙壁上一块白色的印记，就像荷西这些年从未变过的心意。

从百叶窗透进来的阳光一道道地印在照片上，三毛转过身问荷西是不是还想结婚。荷西被问得呆住了，愣着傻呆呆地看着三毛，好像刚才问他话的人不是三毛本人。三毛说道："你不是说六年吗？我现在站在你的面前了。"然后不等荷西回答，三毛忍不住哭起来，赶忙又推翻自己的话，说道，"还是不要好了，不要了。"

荷西赶紧问为什么，三毛想到了这些年自己的生活与爱情，那些往事如同放电影一样在她脑海中翻滚，她想到自己心上所受的伤，对荷西说道："你那时为什么不要我？如果那时候你坚持要我的话，

与荷西在一起，是爱情，也是责任，三毛一生流浪，最终还是愿意接过对自己的责任，她要对自己负责，让自己幸福起来。

我还是一个好好的人，今天回来，心已经碎了。”话音刚落，三毛又觉得她这样对荷西说话不公平，荷西一直在全心全意地爱着她，只是她不懂自己的心，平白无故在爱情的世界里迷了路，幸好她又找到了荷西，找到了爱情。

荷西看到三毛哭个不停，十分心疼，便安慰道：“碎了的心，可以用胶水粘起来。”还是那样孩子气的话，三毛叹息就算是把心粘起来，也是有缝隙的，打碎的东西，再怎么修补，也不会恢复如初。

“这边还有一颗，是黄金做的，把你那颗拿过来，我们交换一下吧。”荷西将三毛的手拉向自己的胸口。三毛能够感受到荷西有力的心跳，那颗心里装着的全是她，三毛能够听到自己胸膛里有什么东西在融化，是寂寞和孤独，荷西用他的心，将三毛藏在深处的寂寞和害怕，都消融掉了。

那个黄昏之后，三毛与荷西在一起了，六年的时光，荷西终于等到了他的爱人，而三毛也终于找到了可以安心栖息的港湾。如果是在童话的结尾，便是灰姑娘终于等来了王子，从此他们过上了幸福快乐的日子。但可惜，生活永远不可能是童话，三毛与她的王子的确有着一段令人羡慕的婚姻生活，但是意外永远不知会在哪天来到，荷西在一个寻常的日子里，因为一次潜水意外，永远离开了三毛。

那个承诺三毛要把自己黄金做的心换给她的男人，永远从三毛的世界里消失了。但是荷西与三毛的爱情，却恒久地留在了人们的心中。

往事不必缅怀，因为前路不可能回头

三毛是个很有决断的人，她下决心写故事，便认真到极致地去写，这种劲头连她自己都惊讶，她想不到自己这样一个耐不住性子，没办法久坐桌前的人，居然能够一直写下去，还写得颇有乐趣。对于写作如此，对于爱情也是如此，三毛认准的事情，便不会犹豫，所以，当三毛决心嫁给荷西时，她便也是如此干脆果断。

在二人相恋的一个冬天清晨，三毛与荷西坐在马德里的一个公园里，那天天气非常寒冷，三毛将自己裹得严严实实的，只伸出一只手丢面包屑喂鸟，荷西坐在三毛身边，看着一本航海的书籍。两个人恋爱后，还是同刚认识时那样相处，在公园里静静依偎，偶尔交谈，更多时候沉默。

荷西忽然放下书问三毛明年有什么计划，三毛说计划过完复活节去非洲，想要去撒哈拉沙漠看一看。三毛的这个计划不是心血来潮，她小时候上地理课后就有了这个心愿，她想要认识沙漠，无尽的寂寞，看不到尽头的边际，沙漠在三毛心目中一直是神秘的地方，她渴望去其中一探究竟。

对于三毛的计划，荷西并没有表现出任何惊讶，同其他人不一样，对于三毛做出的任何事情，荷西都看作是理所当然的举动，三毛想要去沙漠的念头，在荷西看起来大约就好像想吃米饭一样简单。这算是荷西的一个优点，正因为这样，三毛同荷西在一起恋爱，十分轻松自在，她不必为自己做的事情、说的话去做任何的解释，因为她身边的这个男人会完全地包容她。

荷西对于明年的计划是去航海，到爱琴海潜水，虽然荷西支持三毛去沙漠的计划，但他也十分想三毛同他一起去航海，他早早就将三毛算进了他的航海计划中，甚至连三毛在船上做什么都想好了。但是三毛要去沙漠的话，至少要在那里待一年，荷西的航海计划在八月份，三毛苦恼两个计划之间有了时间上的冲突。

那一次，荷西抱怨三毛总是东奔西走，两个人在一起的时间少得可怜。荷西一向温和，三毛觉得他那天的抱怨有些奇怪，但三毛没有多说什么，只是默默地撒出手心里的面包屑去喂鸟。三毛决心要做的事情不会反悔，她虽然嘴上没有反驳，但心里并没有向荷西妥协，她爱荷西，但更向往自由。

后来，荷西又和三毛确认了一遍她是否真的坚持要去沙漠，三毛重重地点了一下头，荷西便不再多说什么。三毛知道他在生气，但三毛知道自己在坚持什么，她觉得荷西会理解自己的，只是她没想到荷西居然默默不吭声地先她一步到了沙漠，荷西在撒哈拉沙漠里申请到了一份工作，希望自己能够先到那里安顿好一切，这样三毛抵达撒哈拉之后，就不会吃太多的苦。

得知荷西为自己做的一切，三毛写信给他："你实在不必为了我去沙漠里受苦，况且我就是去了，大半时间也会在各处旅行，无法常常见到你。"

荷西回信给三毛，说自己已经想得很清楚了，他所做的一切都是为了和三毛在一起，如果他不能和三毛在一起，心里就永远会觉得痛楚，在信中，荷西提议夏天结婚。收到信后，三毛反复看了好几遍，在街头散步了一个晚上，回来后就决定答应荷西结婚的请求。

在与荷西恋爱之前，三毛也曾答应过别人的求婚，但那时的感觉与她决定答应荷西的求婚时完全不同，大约是历经了岁月的打磨，三毛的内心不似从前那样浮躁，对待爱情也不再像从前那样患得患失，既然决定了要与荷西结婚，三毛便干脆利落地决定结束自己在马德里的事情，前往沙漠与荷西会合。

在三毛决定与荷西一起去沙漠的前一日，她与合租的三个女孩子一起玩到三更半夜才回到公寓，累得嬉笑不动，才各自上床睡觉，然后第二日，那三个女孩上班出门后，三毛整理了行李，丢了一封信，还将自己的房租塞在里面，信上只有寥寥几个字："走了，结婚去也，珍重不再见！"

就这样不声不响地不辞而别，除了三毛，这世上大概也没有几人能够随性地做出这样不拖泥带水的事情了。对于三毛来说，友情与爱情都是值得珍惜的，但她的内心又是完全属于她自己的，她不愿让自己被凡尘俗世中的各种情感羁绊了自由的灵魂，在一起的时光，她会尽情享受，当道别在即，她也不会做恋恋不舍的姿态。

三毛是聪明剔透的人，她看得透这世上的分分合合，也清楚人生一遭，应当尽力地去做自己，才算不枉费青春，不浪费时间。她选择与荷西结婚，一方面是因为荷西真的是她心中所爱之人，另一方面也是为了让父母安心。她心中是雪亮的，自己疯玩归疯玩，本可以打一辈子光棍浪荡下去的，但人生的选择总在一念之间改变，三毛是不愿将自己的人生规划为结婚生子这一条狭窄的路上的，可是遇上了荷西，她竟情不自禁地踏上了之前从未想过的道路。

到了撒哈拉沙漠后，三毛住在一个小镇，荷西住在他工作的宿舍里，两地相隔将近一百里路，荷西每天去镇上看望三毛。荷西觉得两个人经历了这么多年终于可以在一起了，他高兴地说终于可以结婚了，但三毛还是觉得立刻结婚太快了，她还想到沙漠各处去看看，三毛要荷西再等她三个月的时间，荷西答应了。

在三毛准备跟随沙漠的居民一路穿过沙漠前往西非前，荷西带着她去法院问两个国籍的人如何才能结婚，接待他们的工作人员是一位头发全白了的老先生，为他们罗列了一大堆的章程和条款，三毛向来自由惯了，受不了那些烦琐的手续，她问荷西结个婚手续这么多，他们还要结婚吗？

荷西听了那些规则也很紧张，他急切地问工作人员大概多长时间他们才能够结婚，工作人员慢吞吞地帮他们算了一下时间，大概三个月就可以了。荷西急得脑门都冒汗了，他再三催促工作人员是否可以更快一些，引得工作人员用怀疑的目光盯在三毛的肚子上。三毛知道荷西的催促让工作人员有了误会，这段小小的插曲是三毛与荷西结婚前的一个小笑话。

三个月的时间过去得很快，荷西每天努力地挣钱，还做了许多的家具，日子有条不紊地前行着，除了申请那一张张结婚需要的文件令人烦恼不已之外，在撒哈拉沙漠的生活还是十分愉快的。当法院的工作人员宣布三毛与荷西终于可以结婚了时，三毛忙通知了荷西，两个人各自打电报通知了家里人。

发完电报后，两个人商量了一下要做什么，荷西带着三毛去看电影，作为他们告别单身的最后一次约会。那天他们去了唯一的一家沙漠电影院看了《希腊左巴》。第二天，荷西送给三毛一副骆驼的头骨当作新婚礼物，这个礼物送得很合三毛的心意，她把头骨摆在书架上，觉得荷西真是自己的知音。

然后，两个人换了衣服，便从家里向法院出发，因为没有车，他们只好走路去，一路上黄沙漫天，四周寂寥无人。三毛终于要结婚了，在她从小就向往的沙漠里，嫁给等了她六年的男人，结婚安定，守着一个家，守着一个叫荷西的人，三毛的人生突然出现了休止符，三毛曾多次提到过她自己也想不明白当初为什么会下定结婚的决心，其实她那时还并未真正明白自己的内心，早已对荷西种下了无法去除的爱情。

这爱情的种子在三毛的心中迅速地生根，每一条根须都牢牢扎进了她的心灵深处，所以，当多年之后，荷西离她而去时，她才会那么地悲痛欲绝。试想一个那么深深占据内心的人突然从这个世上消失，心怎么会不痛？

三毛的父母得知了女儿结婚嫁人，喜忧参半，让他们操心半生的“野姑娘”终于肯安定了，他们觉得十分欣慰，但同时也十分担心荷西无法与三毛融洽相处，毕竟三毛的脾性，他们太了解了，所以便一再去信叮嘱三毛要知足，要平凡，要感恩，千万不要再像从前那样任性妄为。三毛看到信里的内容觉得十分好笑，知道父母是为她担忧，便也只好好言回复道：“自己不会再兴风作浪，会真的守着荷西，踏踏实实地过日子。”虽然三毛的父母半信半疑，但还是持观望态度，希望自己的女儿能够安分一些，再安分一些。

在与荷西结婚后，三毛依然继续写作，记录自己的生活，也记录了与荷西的爱情，她的那些文章一方面是写给自己，将自己的生活做一个记录，另一方面还是写给父母，就当作是向父母做不定期的婚后报告，好让父母放心，他们的女儿真的“洗心革面”，与相爱的人过着幸福的生活。

与荷西在一起，是爱情，也是责任，三毛一生流浪，最终还是愿意接过自己的责任，她要对自己负责，让自己幸福起来。

第四章 给我一匹马，陪你走天涯

在结婚以前我没有疯狂地恋爱过，但在我结婚的时候，我却有这么大的信心，把我的手交在他的手里，后来我发觉我的决定是对的。如果他继续活下去，我仍要说我对这个婚姻永远不后悔。

——三毛

许十二个心愿，但愿人长久

结婚与谈恋爱不一样，谈恋爱可以有情饮水饱，可以只求两个人在一起，别无他想，但是婚姻生活却是柴米油盐酱醋茶，枯燥乏味得多。三毛嫁给荷西，既是嫁给了爱情，也是嫁给了异国风俗，两个人之间的语言文化差异，令他们在婚姻中有许多难以共通的地方。在下定决心嫁给荷西之前，三毛就明白她的婚姻生活日后有可能会遇到种种问题，她也跟荷西谈过这个问题，他们两个国籍不同，个性更是千差万别，将来结婚后很有可能会吵架，甚至打架。

对此，荷西倒不是很担心，他认为就算将来会吵架、会打架，但丝毫不会影响他们结婚这个事实的发生。但是，三毛还是烦忧不止，她担心自己会在婚姻生活中逐渐失掉自我，成为丈夫身后的毫无主见的主妇，所以她一再跟荷西强调自己结婚后不会为了将就婚姻生活而委屈自己，还是要做真实的自己，要保持独立的人格，还要荷西保证婚后还会让她自由自在的。

三毛的各种担忧，荷西都一一劝解，他告诉三毛自己和她结婚就是爱真实的她，如果她为了婚姻而失去自我，自己也就没必要结婚了。就这样，在三毛的一再担心中，荷西细心宽慰着她，两个人终于在相识七年之后结婚了。

结婚前，三毛对做家务事很反感，但是嫁给荷西后，她首先要做的便是下厨做饭，为丈夫做出可口的饭菜，成了她的一个兴趣爱好，几根蔬菜，几片肉，在锅中就可以变成一盘菜肴，仿佛造就艺术品一样，三毛怡然自乐。

三毛的母亲远在台湾岛内，女儿能够嫁给真心相爱的人，她首先感到很欣慰，但同时也很担忧，因为三毛与荷西在非洲生活，三毛的母亲担心他们的饮食起居，便源源不断地寄一些粉丝、猪肉干等食品“接济”他们。能够在沙漠里收到这样的礼物，三毛心里自然很高兴，便下厨大展厨艺，每当荷西下班回家，她都会端上一盘荷西闻所未闻的菜肴。

其中一道菜是“粉丝煮鸡汤”，荷西不认识粉丝，还以为是中国的某种面条，三毛也心血来潮地逗他，诳他粉丝是春天的雨，因为下在高山上，一根一根地被冻住了，然后被人们采下山贩卖。荷西听得发怔，犹疑地问三毛是不是在骗自己，三毛信口编一些话，唬得荷西半信半疑，三毛心里暗暗得意，不过荷西渐渐也知道了三毛在诳他，但荷西觉得很有意思。还有一道菜是“蚂蚁上树”，荷西也很喜欢吃，三毛在沙漠的朋友也很喜欢吃，在婚后的那段日子，三毛与荷西每日研究菜品，有着不少的乐趣。

荷西赚的钱并不算多，三毛的稿费收入也不固定，他们的生活算不上富裕，有时还会过得紧巴巴的，在三毛与荷西刚登记结婚完那天，荷西提议两个人去住旅馆庆祝一下，三毛考虑了一下，觉得住旅馆太贵了，一晚上的花销可以买一个礼拜的菜了，于是两个人结完婚就回了家。

在结婚之前，荷西曾问过三毛她想要一个赚多少钱的丈夫，三毛回答如果看得不顺眼，千万富翁也不嫁，如果看得中意的话，亿万富翁也肯嫁。

荷西听了之后觉得三毛只是想要嫁一个有钱人，三毛看到荷西的样子，幽幽地叹口气说其实也有例外的时候。荷西问如果嫁给他，想要他赚多少钱。三毛看着荷西说那如果嫁给你，只要吃得饱的钱就够了。

“你吃得多吗？”

“不多，不多，以后还可以少吃点。”三毛小心翼翼地回答着。两个人相爱自然会想要在一起，就算荷西一分钱也赚不到，三毛也不会想要离开他。在结婚前，三毛常与荷西在荷西家门前的一个广场上打棒球，两个人的约会无非就是逛一逛马德里的旧货市场，要么就是在公园的长椅上坐着聊聊天，并没有一般情侣那样的花前月下，海誓山盟，反倒更像是朋友一样相处。

结婚后，一份杂志向三毛约稿，要她写一篇题目是“我的另一半”的文章，当三毛向荷西提起时，荷西问道什么是另一半。

三毛提醒他，自己就是他的另一半。没想到荷西说：“我是一整片的。”听了荷西的话，三毛一时不知道该如何作答，她心里是同意荷西的话的，她也没有另一半，她也是一个完整的人，虽然他们结了婚，成了夫妻，但是他们都不承认自己有另一半，他们坚持自己都是完整的，三毛是三毛，荷西是荷西，两个完整的人因为相爱而迈入婚姻之中，但是婚姻生活并不能改变他们什么，他们和结婚之前的自己还是一样的，三毛想来想去，最后写了一篇《大胡子与我》交给了那个杂志社。

许多人都认为婚姻是爱情的坟墓，因为婚姻中的琐碎日常会日渐消磨掉爱情的新鲜感。两个人朝夕相对，对彼此暴露自己的缺点，婚前的爱意统统成了婚后吵架的借口。三毛在与荷西结婚之前，也是担心他们的婚姻会变成那样，如果真的有那么一天，三毛应该是情愿离开荷西，也不想在婚姻的废墟中苟且吧。

不过，幸运的是，三毛与荷西的婚姻一如他们的爱情那样自由，荷西从不会约束三毛去做她不愿意做的事情，在家务事上，两个人也是通力合作，对于下厨做饭，三毛也没有什么怨言，反正两个人生活在一起总是要吃饭的，更何况三毛每次做饭，荷西都会赞不绝口，令三毛感到很受用。

还有三毛在结婚前担心的文化差异，也并没有她想的那么严重，三毛从小生长在自由民主的家庭里，父母都很开明，给了她绝对的自由。而荷西生长在一个重男轻女的传统家庭里，荷西的母亲和姐妹的潜意识中总是将荷西当作小少爷一样对待，她们将荷西的生活打理得井井有条，在家里，荷西可以说是油瓶子倒了都不用扶的。多少年这样过来，荷西自然也是养成了一些被人伺候的习惯。

结婚后，三毛就发现了荷西的这些习惯。她本来就不是一个温柔的女人,也不是一个乐意每日去伺候丈夫的妻子,两个人刚结婚时,同住在一个屋檐下，都有各自的棱角，当然少不了磕碰。但这种摩擦并不会成为影响他们爱情的因素，两个人都尽量地为了照顾对方而磨掉自己的棱角，毕竟天长日久，做一对契合的夫妻，才不会撞痛彼此。

所以说，婚姻的平淡生活不能成为消磨爱情的理由，柴米油盐的确没什么意思，可是身处婚姻中的两个人才是经营生活的关键所在。三毛与荷西都是懂得生活情趣的人，他们的生活，无时无刻不充满着乐趣。

一日，三毛做了饭卷给荷西当晚餐，用紫菜包着饭团，里面放了肉松，荷西看到后却拒绝吃下肚，因为他觉得那是蓝色的印纸，不论三毛怎么劝，他都不肯吃。最后三毛只好自己吃了一个做示范，还张开嘴巴让荷西检查自己的嘴里是否有蓝色的痕迹，看到荷西半信半疑的样子，三毛还不忘打趣他，说自己是用印纸的反面包的饭团，不会染到嘴里的。三毛常常说一些奇怪的话逗荷西，荷西每次都不知该相信还是该怀疑，两个人的生活充满了小孩子般的童真乐趣。

除了住到了一起之外，荷西与三毛在婚前婚后的生活并没有什么巨大的改变，荷西常常说这个家不像个家，倒像是一座男女混住的小型宿舍。荷西结婚后没有生活的负担，依然过得潇潇洒洒，每天吹吹口哨，上班、交友，像一个快乐的、无忧无虑的单身汉，而三毛也是眉眼间神采飞扬，丝毫没有家庭主妇被家事拖累的疲惫，整个人还是像单身女性那样无拘无束，不刻意打扮，也不会显得邋遢。

两个完整的人为了彼此，选择携手同行，天涯路远，各自总有放弃掉的一些东西，可是那些都不要紧，因为和丢掉的那些东西比起来，他们更愿意守住眼前的幸福。如果说三毛的人生是为了自由和信念而活，那么荷西的人生便是为了帮助三毛实现信念而活。在荷西的心目中，三毛就是他的全部，是他人生的光，是他生命中不可缺失的一部分。虽然荷西认为他和三毛是两个完整的人，但是，他们这两个完整的人只有守在一起，才能获得更加完整、更加圆满的人生。

同荷西在一起，三毛可以什么都不要，做一个贫穷而快乐的小妇人，她可以放心地前行，在世界各处寻找她想要寻找的人或事，她不会害怕，不会孤单，因为她知道只要一回头，荷西会始终站在身后望着她，等着她，纵然风尘万里，爱她的那个人会手牵骏马，立于夕阳之下，陪她踏遍海角天涯。

生命的滋味都得尝一尝，才不枉来一遭

生命有千般滋味，尝尽之后，才能更懂人生。三毛想要阅尽万事，体会世上千愁万绪，但是她没想到与荷西结婚之后，生活真正的滋味才呈现在她面前，有时苦，有时甜，有时酸，有时涩，每种滋味都难以言表，但细细品味之后，又萦绕心头。

荷西是一个性格粗犷的男人，也与从小被家人贴心照顾得很好有关系，荷西不是很会照顾人，他虽然很爱三毛，但在一些细碎的小事情上面，常常做得不够好。三毛生气的时候，荷西不会小心翼翼地赔小心，说哄人开心的话，当三毛提着重物，累得腰直不起来时，

荷西会自顾自地朝前走，忘记帮三毛提东西。

在两个人的家里，荷西常常不打招呼地带着一大帮朋友来吃饭，三毛只好进厨房手忙脚乱地帮他们烧菜，当荷西和客人酒足饭饱之后，他压根想不起来三毛为了招待客人，自己还饿着肚子。

类似这样的事情还有很多，一开始的时候，三毛总觉得难过，觉得荷西不够爱她，总是忽略她，但是时间久了，三毛发现荷西只是那样自由的性格，他爱三毛，心里装的全是三毛，但他却不会将自己当作三毛的附属品，他在三毛面前是一个完全自由的人。三毛也愿意接受这样完全做自己的荷西，如果荷西处处和三毛赔小心，那他就不是三毛喜欢的那个荷西，而变成了三毛的奴隶了。

“我要我的丈夫在我面前是一个完全自由的人，因为他到外面去是一个完全不自由的人，他有上司，有同事，他已受了很大的压力。为了赚钱，为了我，他才来沙漠。那为什么在回家来，他愿意看一场电视侦探片，我觉得很肤浅。我怎么能要求他做一个艺术家。他像一个平原大野的男人，我不让他对我说什么甜言蜜语，但我可以完完全全地了解他。”三毛与荷西相处的时间越久，她就越能感受到荷西的好。三毛自己是一个追求真诚的人，她希望自己的婚姻生活中，丈夫和妻子也总是能够彼此真诚相待，不必容忍，三毛认为爱不是包容对方，而是接受对方的一切。

在真诚接受的宽松婚姻环境中，三毛与荷西始终像热恋的情侣一样，两个人出门，总被人误以为不是夫妻。有一次，他们外出旅行，晚上需要住旅店时，荷西向老板要一间双人房遭拒，老板向他们索要身份证，因为在西班牙保守的乡镇旅店，年轻男女来住宿总会被盘查一番。

看过身份证之后，老板还要求看了他们的户口簿才放行，看到荷西与三毛真的是夫妻，老板还是一脸的不可置信。荷西会因为这样的事情生气，而三毛反倒觉得无所谓，她还出主意说下次出门干脆借一个小孩抱着，荷西立刻反驳她说就算抱着小孩，他们也不像别的夫妻那样像结了婚的两个人。

两个不肯做对方另一半的人，只得任由旁人的质疑了。三毛曾看过一本杂志上介绍一个美国女作家写过一本书，内容是围绕如何叫丈夫永远爱你来写的。那位女作家在书中提供了各种“妙招”，都是教妻子如何变换花样来抓住丈夫的心。三毛看过后，在吃晚饭的时候跟荷西说起了那位女作家写的内容，三毛抱怨那位女作家把结婚的女人写得太没有自我了，但当时荷西注意力一直集中在电视上，压根没有听到三毛在讲什么。

自己说的话都没被荷西听进去，三毛感到很恼火，但她又无计可施，因为荷西本来就是这样的，遇到自己感兴趣的电视节目就会两耳什么也听不进去。三毛想夫妻之间一旦过了蜜月期，所聊的内容都是一些无关痛痒的琐事，听不听也没什么关系，而且三毛很了解荷西，他是一个反抗心特别重的人，如果一定叫他听，他肯定会捂着耳朵坚决不要听。

有时，三毛也会同荷西作对，当作是在家里的娱乐之一，她明知道荷西会反对一件事情，还要故意和他作对，看着荷西急得满脸通红，她就会得逞地大笑。虽然荷西渐渐也知道了三毛在逗自己，但每次还是会上当，三毛觉得荷西有点笨，但这种笨也是她喜欢的，觉得很可爱。

荷西刚结婚的时候，表现很好，大概出于新鲜感，他会帮着三毛做很多家务事，但是时日一长，荷西骨子里的大男子主义就开始抬头，变得衣来伸手饭来张口。三毛适应了一段时间，也就习惯了，毕竟她自己也不是一个勤做家务的贤惠妻子。有时三毛实在看不过去，会收拾家务，荷西还会让她不用打扫，说房子不打扫也不会垮掉，令三毛又好气又好笑。

在当初决定结婚时，三毛就希望能够与荷西在人生的道路上结伴同行，她从未想过要改变荷西什么，也从没想过要霸占荷西的生活，她选择与荷西结婚，仅仅是因为她爱这个男人。可是结婚之后，她倒是常常为了婚前一些想不到的小事与荷西生气，生气过后，三毛又自己反思，那些烦琐的小事做不做的确没什么要紧的，并不会影响荷西对她的爱。荷西原本是一个很有个性的人，可是在爱的前提下，对三毛所做的一切都很包容，荷西不是一个会时常把爱挂在嘴边的人，他永远是做的比说的多。

荷西爱三毛，虽然在他们的生活中少不了磕磕绊绊，但是三毛深知荷西的爱，荷西娶了她也不是让她洗衣煮饭，从不要求她善解人意，荷西因为爱她，才会等了她那么多年。两个人在一起才最重要，他们是各自人生道路上的一个伴，可以彼此分享喜悦，分担烦恼，但又不会互相打扰，互相侵占对方的空间。

有的时候，三毛突然想去散步，只要打声招呼说走了，就独自出去了，等她回来的时候，荷西也不会啰唆地过问她刚才去干了什么。至于荷西也是一样，有时候三毛一早醒来，荷西已经不见踪影，但她也不急于去找，因为到了吃饭的时候，荷西自然就会回来。

两个人结婚，却又显得没那么亲密，不够如胶似漆，比起这世上其他的新婚夫妻来说，三毛与荷西并不是很看重夫妻间的亲密感。三毛不喜欢孤独，但她又离不开孤独，偶尔的孤独，在三毛看来是十分重要的，她的心灵是自己的秘密花园，不会对任何人开放，但荷西是一个例外，三毛可以允许荷西走进自己的心房里去看一看，坐一坐，甚至拥有一个角落。但是三毛始终拥有自己独处的角落，她认为就算是与荷西结了婚，也不一定要对他完全敞开自己心里的每一个角落，她不愿意将自己百分之百地完全剖开在另一个人面前，哪怕这个人是她的丈夫。

三毛这样的性格，她的父亲是最为了解的，三毛性格虽然内向，但内心十分坚定，认准的事情便固执得厉害，谁也劝说不动。三毛在爱情中受了伤，前往马德里自己疗愈内心伤痛时，多次给家里写信介绍自己在马德里的情况，她说自己念“现代诗”、念“西班牙文学”，还去跳舞，听歌剧，搭便车旅行。从三毛来信的字里行间，三毛的父亲知道她开始蜕变了，在广阔世界中，她开始享受生命，享受自由带给她的乐趣。

后来，三毛跑去了更远、更多的地方，她去了巴黎、慕尼黑、罗马……去这些地方的时候，三毛都没有朝家里要钱，她自己负担旅费，她说自己完全能够搞定那些事情，每天吃白面包，喝自来水，只要最小的开销能够让她活下去就行了。“她冷静又快乐，物质上没有一句抱怨，精神上活泼又沉潜。”三毛的父亲明白三毛一贯就不是一个讲究形式的人，她连自己的名字都自己取，她的人生也是一定要由着她自己做主才行的。

三毛结婚后，许多已婚的太太会给三毛“传授”婚姻秘诀，还不停地劝她说像她这样对自己的丈夫毫不约束是很危险的行为，会让男人跑掉的，一定要想办法把男人牢牢握在掌心才行。三毛对这些话不以为然，她觉得那些妻子在劝说她时的样子很可怜，好像如何掌控丈夫成了她们唯一可以做的事情。

不自由，毋宁死。三毛明白自由的可贵，己所不欲勿施于人，所以三毛当然不会去控制荷西的自由。从来没有一个人会完全地属于另外一个人，为了爱情而失去自由是很痛苦的事情，人为什么一定要牺牲自由去换取爱情呢？三毛不想荷西变成她掌心里的小人，在她的掌控下扭来扭去，挣扎着想要逃脱。那样的荷西就不是三毛爱着的荷西了。自由是多么可贵而又难得的事，心灵的自由更需要被好好把握，不然，就算余生有爱情陪伴，也是会感到有所缺失的。

各人的喜哀，各人担当

随性是三毛身上最大的标签，身随心动，一生都在流浪，即便回到台北家中，也是读书、写作，只做令自己舒心的事情。三毛一生都对金钱没有欲求，她在海外的时候一度十分穷困，连饭都吃不起，但是她却毫不在乎，她从不肯为了金钱而工作，在三毛最穷困的时候，常常酱油拌饭就是一顿，但是有了点钱，她也不知道存一点备用，而是统统拿去买了书，或者买了机票去旅行。

在三毛的生活中，她可以为了买书、旅行花掉口袋里最后一个钢镚，但是她却不会为了吃而多花一分钱，觉得吃得多了就是在浪费。

如果有朋友请她去饭店吃饭，吃完了三毛总会感慨，如果能够将饭钱折现给她，她会更感谢请客的人。

这样的生活态度，令许多人觉得诧异，但三毛却是怡然自得，她常说自己幸好喜爱看书，不然人生就太乏味了。三毛不爱那些花花世界的吃喝享乐，她最大的享受就是写作。每当她写作的时候就会全情投入，可以不吃不喝不睡觉，甚至不和人说话。她有一次坐在地上写了七天七夜没有停歇，当她放下笔之后，倒地不动，只说了三个字："去医院。"家里人把她送去医院后，她还笑着问母亲日期是几号。在旁人看来她写的那些不起眼的文章根本不用投入那么大的精力，但是三毛投入生命的目的只是因为她喜欢。但投入了大量精力的书出版之后，她却是再也不多看一眼的，三毛说："过程就是结局。"在三毛的书架上，有好几千本书，可是她自己的书，却一本也没有留存。

选择前往沙漠生活，在许多人看来那里条件艰苦，三毛去那里是自讨苦吃。但三毛却在沙漠得到了最大的乐趣，她用心地一点一滴地把沙漠里她与荷西生活的小家打理得越来越像样子。荷西领了薪水，三毛会拿出一部分买饰品装饰房间，她与荷西一起打造沙发、书架，还把母亲寄来的绵纸做成颇具中国风的灯罩。三毛将沙漠里一无所有的生活打磨得如同匠人制出的精美银器一样。

有的时候，三毛也会觉得烦闷，比如当她和邻居太太们闲聊时，她总是会觉得一分钟都不想忍受，那些太太嘴巴里说出的家长里短，令她觉得无聊。有一次，三毛与荷西被邻居请到家里去喝茶，结果他们的鞋底都沾上了羊粪，第二天，三毛就开始教那位邻居的女儿们如何用水拖地和晒席子，她提供了水桶、拖把、肥皂粉之类的工具。

之后的日子里，邻居们陆续来三毛家里借东西，本着邻里之间应当和睦相处的原则，三毛总会尽力帮助他们。但是三毛跟荷西的大方与和气，让邻居们学会了如何利用他们的这个弱点。每天从早晨九点钟开始，各家的小孩子就会纷纷登门来索要东西，那些各式各样的东西都是三毛家里有的，她知道借出去一定是有去无回，但是又说不出不借的话。

荷西总是铁青着脸说下次再也不借了，但是当下一个人敲响房门时，东西还是被借了出去。有的时候，荷西不工作了，有了一些闲暇时间，他就会约几个邻居朋友，几个人在房顶上敲敲打打，或者在院子里修补东西。看到荷西与朋友相处时快乐的样子，三毛觉得很有趣，平日里觉得厌烦的那些邻居也变得可爱了起来。

在沙漠里生活的那些日子，荷西成了邻居的电器修理工、木匠、水泥工，而三毛成了代书、护士、裁缝、老师。他们自己以前都没发现自己居然会懂得那么多生活技能，只能说他们应对生活的能力都是被他们这些沙漠的邻居训练出来的。

在撒哈拉沙漠的生活虽然是苦中作乐，但因为有荷西守在身边，三毛也不觉得难以忍受，她一面对邻居们时常做出的无礼行为感到生气，一面又对这种人与人之间毫无防护的相处模式无比惊叹。人总是要看得越多，心界才会越宽。三毛以前在台湾岛内的时候，认为世界上的人就是父母和她的老师、同学们，她那时的心里所装载的只有自己的那一点小小的愁绪和哀伤，但是，自从她一点一点地走出自己的内心世界，看到了世界上居然还有这么多让她想破脑袋也想不到的人和事，她便觉得以前的哀愁都不算什么了。

在撒哈拉沙漠中生活，让三毛认识到现代文明与原始之美的碰撞会产生多么奇妙的化学反应，三毛会抱怨邻居们的无理取闹，但也会理解那是他们在这片沙漠上养成的自然天性。有一个叫蜜娜的女子，长相十分甜美，对荷西很有好感，常常会打扮得十分美艳来三毛家里做客，三毛不喜欢她，她同样也不喜欢三毛。

蜜娜总是找借口叫荷西去她家里，荷西是个热心肠，每次都乐意去帮忙。三毛可不许荷西和蜜娜过于接近。有一次，蜜娜站在窗外叫荷西去她家里修门，荷西刚想站起来，三毛就阻止了他，当地人可以娶四个老婆，但三毛可不喜欢和别的女人分享荷西。她看到蜜娜还不走，就对荷西大声说道："不要再看了，当她是海市蜃楼。"

终于有一天，蜜娜要结婚了，三毛很高兴地送了一大块衣料给蜜娜做新婚礼物。三毛就是这样，心中不快的事情很快就会忘记，她总是善待所有人，这大概也是沙漠的邻居们总是一而再、再而三地去找她帮忙的原因。

平日里，邻居们借东西不还，三毛也习以为常了，但是有一件事却让她生了很久的气。有个晚上，荷西要带三毛去参加酒会，三毛穿上了黑色晚礼服时，发现自己放在架子上的高跟鞋不见了，她找遍了房间里的角落，都没有看到那双鞋子，正当她苦恼之际，忽然看到鞋架上放了一双邻居太太的鞋子，她顿时意识到发生了什么事情。但当时时间紧张，他们快要迟到了，于是，三毛只好换了一身打扮，穿了件棉布的白衣服、一双凉鞋去参加酒会，她那身装扮和酒会氛围很不相符，荷西的同事打趣她再加一根手杖就可以当牧羊女了。

第二天早晨，三毛从邻居太太那里要回了自己的高跟鞋，但已经被弄得不像样子，根本不能穿了。三毛气得凶了她几句，邻居太太却说："你的鞋子在我家，我的鞋子还不是在你家，我比你还要

在战乱之中，三毛与荷西都很不好过，每一次荷西回家，对他们两个来说都像过一个盛大的节日，劫后重逢的感觉让他们又惊又喜。

岁月漫长，时间一点一滴地教会他们在爱中如何坚强，在幸福中如何相爱。他们对彼此的爱的肯定和认可已经超出了这世上的一切。

气。"这样的解释把让三毛气得笑出声来，她知道自己和这些邻居是无法讲道理的，徒劳地生气也只会使自己不开心而已，而且，他们并不是什么坏人，只是有一些不好的习惯罢了。这样一想，三毛又不生气了，因为她知道，第二天，这些邻居还是会敲开她的家门，向她借东西。

远离台湾岛，三毛在撒哈拉沙漠的生活是家中的父母姐弟无法想象的，她每次给家里的信中所写的内容，也让她的家人感到无比惊讶，这个世界上竟然还会有这样的生活，有这样的人，这样的风景。这些事情在三毛没有来到撒哈拉沙漠之前，也是她无法想象的，其实，她来到撒哈拉沙漠，不过是为了圆儿时的梦想，但是来到这里之后才发现，她是真的爱上了沙漠里的一切。

这个世上，有人为了金钱而苦恼，有人为了爱情而悲伤，每个人都有自己求而不得的东西，各人的喜怒哀乐，只有自己担当，旁人无法代劳。在台湾岛内的时候，三毛总觉得寂寞如影随形，虽然在家里的生活条件很好，可是她的内心却一点也快乐不起来，来到沙漠里，一切都需要她自己动手，但是她却一点也不觉得苦，反而每天乐在其中。就算是与邻居之间发生了许多摩擦，也只是让她觉得生活变得更丰富多彩了起来。

在沙漠里，水是很稀缺的，三毛平时用水都很小心，有一次，为了参加镇上举行的“骆驼赛跑大会”，三毛与荷西从几百里外的大漠深处赶回家。到家之后，三毛进浴室洗澡，她刚把肥皂擦到身上，发现水流不出来了，三毛裹着毛巾跑上天台，发现自己家的水桶里一滴水也没有，而邻居家的天台上晒了数十个面粉口袋，三毛明白了，趁自己不在家的这几天，邻居偷用了她水桶里的水。

没有办法洗澡，三毛只好把身上的肥皂擦掉，跟着荷西去赛骆驼了。站在围观人群中看着骑骆驼的人高兴地大笑，三毛心里只能默默沮丧，她也想去骑骆驼，但是担心在大太阳底下骑骆驼会出太多汗，让她的身上不但会发痒，还会冒肥皂泡泡。

正是因为有了邻居们不断地在三毛生活中“捣乱”，让三毛每一天都没办法消停，三毛才会再也不知道寂寞的滋味了。她每日一睁开眼睛就要想方设法应对邻居们的“鬼主意”，有时还要为了捍卫自己家的权益而不得不和邻居太太们大吵一架。在沙漠的日子里，三毛才真正成为一个有血有肉的人，在烟火气十足的生活里，品味着爱情，看尽人情冷暖，看淡世事熙攘。三毛觉得真正的自由生活，就是精神世界的自由，而在撒哈拉沙漠中，她获得了这样的自由。

“长久被封闭在这只有一条街的小镇上，就好似一个断了腿的人又偏偏住在一个没有出口的巷子里一样寂寞，千篇一律的日子，没有过分的快乐，也谈不上什么哀愁。没有变化的生活，就像织布机上的经纬，一匹匹的岁月都织出来了，而花色却是一个样子的单调。”在大漠落日的时光中，三毛将岁月织成了棉布，就好像她最喜欢穿的白色棉布上衣，简单，却不单调，十分舒适，并且是最适合她的。

答案，只有时间能给

三毛热爱自然，与她童年的经历分不开。三毛读初小的时候，她的家庭还是个大家庭，成员众多，家里住着四个堂哥、一个姐姐、两个弟弟，还住着大伯父、大伯母、父亲、母亲等人。她的三堂哥陈令是个调皮的孩子，常常骑着车往乡下跑，三毛便常常赖在堂哥身后要求一起去。

到了乡下，堂哥领着三毛去河边玩，他们将车子平放在岸边，然后脱掉鞋袜，跳进河水里玩耍，那时，三毛的年纪还不算大，在她的回忆中，她站在那片凸起的沙丘上望着那条河流，就好像站在大海上遥望四周一样，感觉既兴奋又骄傲。

童年的记忆中，关于那条河流，对于三毛来说是珍贵的财富。堂哥带着三毛前去玩耍的那条河叫作淡水河，三毛将那条河视作自己的秘密花园，她当时不知道该向谁分享这份喜悦，便写了一首诗，在学校的时候拿给老师看。老师看了三毛的诗后，笑着对她说淡水河确实很美，如果下一次远足，就选择去那里。

但可惜的是，老师口中的远足没能实施，学校的课业实在繁重，三毛总是在补课，她没有更多的时间去淡水河玩耍了。但是关于淡水河的美好记忆，她始终留存着。在许多年之后，她的一个朋友问她在她的一生当中，最快乐的时光是在哪里度过的，三毛想都不用想，立刻脱口而出——是在淡水河度过的。

长大后，三毛只要有时间，就会去淡水河，虽然那里再也不是她孩童记忆里的那副样子，河水不再清澈，河岸边堆满了垃圾，但是三毛还是忍不住想要一再回去，看着污浊的河水，想着从前的时光。

同荷西在一起的时光很短暂，三毛在失去荷西之后，每次想起两个人在一起的岁月，才会觉得时间竟然过得那样快，让她与荷西好像才牵手，便被分开。但是当时日正当下时，三毛并不能预料得到离别正在命运的前方静静等候，她在荷西的宠爱下，还不断地畅想着未来几十年他们会成为什么样子，她又怎么会未卜先知地料到他们的幸福时光，不过是那短短的几年而已呢。

与荷西在一起时，三毛总是觉得荷西不够罗曼蒂克，她好几次拿出《语言行为》那本书，对照着荷西的坐相、站姿还有睡相对比，觉得没有一丁点儿是她希望荷西所表现出来的样式，和书上写的相爱的情侣完全不同。每当这种时候，三毛就会觉得有些小小的失落，她毕竟也是个女人，心里多少还是有着小女人所想要的浪漫情境。

有一天，三毛问荷西如果有下一辈子，他是不是还会娶自己。三毛在心里假设了荷西的一万种回答，没想到荷西丝毫不犹豫，干脆地说绝不。

这个回答令三毛又气又惊，她被噎得说不出话来，只得动起手来，用力地在荷西的背上打了一拳，质问荷西为什么不愿意下辈子再娶自己。三毛心里很沮丧，还指望着荷西说出一句希望生生世世做夫妻的酸话，没想到荷西竟然会说出那样无情的话来，而且还说得理直气壮。

荷西挨了打，也反击了回去，他说如果真的有下辈子，那他一定活得和这辈子完全不同，不要说他根本不相信来世的说法，就算是有，他也会娶一个和三毛不一样的妻子，不然两辈子娶同样的人，不活也罢。

被丈夫当面泼冷水，三毛觉得脸上挂不住，她冷着脸，不肯理睬荷西。荷西一眼就看穿了三毛的小心思：“其实你跟我想的完完全全一样，就是不肯讲出来，对不对？”被荷西当面戳穿，三毛忍不住大笑起来，她用被单蒙住脸，笑个不停。荷西实在是太了解她了，她心里其实与荷西想的一模一样，只是她不肯说出来而已。如果两个人都有来世，那自然是要去体验和今生完全不同的人生了，如果结婚还是和同一个人，想一想也的确是无趣乏味，不如不要下辈子。

既然两个人都不愿意来世再做夫妻，那就这辈子好好地珍惜彼此，不然等到下辈子，两个人都会成为别人的丈夫和妻子，再想弥补这一生的遗憾可就难办了。三毛在心里是深爱着荷西的，尤其是当荷西为她做了那么多事情之后，她更是觉得荷西是上天派来她身边的天使，荷西的笑容驱散了她心里的阴云。在与荷西分开的那几年里，她不停地追逐爱与被爱，可是无一不是被伤得伤痕累累，直到重新与荷西相逢，这个蓄起大胡子的男人像朋友、像父亲一样爱着她，给她全世界最无私的爱。

两个人结婚后，三毛越来越了解荷西，也就越来越爱他。荷西是一个表面上脾气很急的人，但是心地十分善良柔软，在他们的住所附近没有公车，有时会有邻居前来搭讪，希望能够坐荷西的车进城，遇到不喜欢的人，荷西总是直接拒绝，说自己不送，让他们自己去公路上搭车。三毛说这样太伤邻居自尊了，但荷西却不以为然，他说自己讨厌那个人，不想送就不送。

但是碰到邻居受伤、生病，哪怕是深更半夜来敲门，荷西也会从床上跳起来开车去送，从来不会拒绝。家里的许多糖果、酒饮，大半都是邻居送给荷西的礼物，大家都知道这个奇怪的男人表面上看起来不好接近，但其实心地再好不过了，大家都很喜欢他。

在三毛与荷西短短几年的婚姻生活中，三毛写下了她与荷西的许多故事，她很想把自己与荷西归一归类，看看能够放到哪种婚姻模式中，但是她比较来，比较去，觉得他们之间的婚姻生活与哪一类都不沾边，既不是传统的，也不算好的，当然更谈不上坏的，总之就是他们的婚姻生活似乎特别地与众不同。三毛后来想了一想，觉得“开放的婚姻”这个名词如果可以用在他们的生活中，还有那么几分贴切，因为她也实在想不出什么更好的定义去概括了。

天下的夫妻各有各的生活方式，其中的酸甜苦辣，混淆不清，如人饮水，只有各自心里清楚。在家庭这一方小小的天地间，夫妻二人就能够过出一个满满当当的人生来，三毛也是嫁给荷西之后才发现，夫妇之间的事情绝对没有她婚前想的那么简单，但是，她也不会退却。因为她觉得夫妻生活就像是一汪深不见底的湖水，那片湖水底下藏着什么，只能自己沉下去看个清楚，她愿意与荷西在他们婚姻的这汪湖水中，慢慢寻找爱情与家庭的真谛，哪怕时间久一些也不打紧。

这世上的许多事情，只有时间能够给出最终的答案。浮生若梦，梦里梦外，先找到答案的那个人最先能明白自己心里真正的想法。有一次因为时局的关系，三毛被逼着离开了撒哈拉沙漠，“我是先乘飞机走的，他则自己开车到海边。我知道如果我耍赖，硬要跟他在一起走，就会成为他的累赘。他是一个男人，他怎么逃都可以，带了我反而不能了，于是我才先走”。

那一次的分开，有半个月的时间，三毛得不到荷西的消息，无法联络到人，又无法前往寻找，三毛觉得自己快要疯了，她每天都无法入睡，心里惦记着荷西的安全，每天一大早就去机场打听消息，逢人就问有没有见到荷西。在那半个月里，三毛每天抽三包烟却还是焦虑到无法放松，整个人像紧绷的皮筋，不能睡觉，不能吃饭喝水，直到她得到了荷西的消息，才整个人松懈下来，精神一放松，身体立刻就垮掉了，但三毛丝毫不关心自己的健康状况，她心里想着的只有荷西的安全。

以前，荷西出门买东西，总是挑挑拣拣，总是想要买到最好的东西，那个时候，三毛还觉得荷西很麻烦。后来她又想荷西有这样的习惯，他娶妻子的时候一定也是立志要选最好的女孩子，所以三毛在荷西眼中就是他在这个世界上找来找去最好的那个女孩。这样一想，三毛觉得自己在荷西心里很贵重，是他千挑万选的妻子，便眉开眼笑了。

荷西与三毛取得联系后，因为他需要一份工作来解决他们的家庭开销，能够找到工作的地方还是起了战乱的地方，荷西只好又回了原来的地方去上班。三毛为了不让荷西担心便告诉他自己很好、很健康，一个人也完全可以照顾好自己，不用荷西操心。但其实三毛当时的状态很不好，她是为了不让荷西分心才故意骗他的。

在战乱之中，三毛与荷西都很不好过，每一次荷西回家，对他们两个来说都像过一个盛大的节日，劫后重逢的感觉让他们又惊又喜。荷西每次回家前两天，三毛都会兴奋得难以入睡，数着时间盼望荷西回来，而荷西一到家，就会立刻跑到三毛面前，抱着她的腿，把头埋进她的牛仔裤里不肯起来，因为荷西怕三毛看到自己的眼泪。对于荷西来说，三毛就是自己的母亲、妻子、朋友，对于三毛来说，荷西也是自己的父亲、丈夫、亲人。那场意想不到的局势纷乱让他们更加看清了对彼此的感情。

三毛与荷西都认定自己是完整的一个人，他们说了，谁也不是谁的另一半，他们虽然结了婚，但是界限分明，彼此不侵略对方的领地，但是当他们面临有可能失去对方的时刻，他们比谁都慌乱，相信为了对方，他们会付出自己的一切，这是他们爱的本能。

岁月漫长，时间一点一滴地教会他们在爱中如何坚强，在幸福中如何相爱。他们对彼此的爱的肯定和认可已经超出了这世上的一切。

我和他在一起，是最朴素的本质

人们可以小觑生活，却不得不承认生活给予的重击有时候会超出人们的心理预期。三毛在撒哈拉沙漠生活的时候，觉得自己会在那里待上一辈子，那里的天地那么宽广，那里的人们质朴无华，她与荷西在那里可以什么都不用想，只要每日享受日升日落，星辰变换的时光就好了。但是时局纷乱，这是三毛意料之外的事情，他们所居住的地方坚决反对西班牙的殖民统治，三毛与荷西就这样被牵扯其中，每日的动荡局势让三毛心里很不安，不敢出门，不敢见人，害怕不已。

那个时候，撒哈拉沙漠已经不是她最初认识的那样了，一切都变得躁动不安，危机重重。为了躲避随时可能爆发的危机，荷西托人给三毛买了一张机票。三毛登上飞机时，看着昔日生活的大地，不知道自己是否还有可能再回来，心里无限惆怅，更令她担忧的是丈夫荷西不能与她一起走。荷西坚持要留下来，处理公司事务和一些善后的事情，虽然荷西再三保证自己不会出事的，但在那样的时刻，任何的保证都无法消除三毛心头的忧虑。

幸好，荷西没有食言，他重新与三毛取得了联系，并找到了三毛。三毛与荷西在加纳利岛上安全相聚后，他们做的第一件事就是匆匆忙忙跑去电信局打电话给荷西的父母，告诉他们一切平安，让他们不用担心了。荷西安慰他的母亲说道："现在都过去了，我们不过损失了一个家，丢了东西，人是好好的，不用急。"在荷西看来，他和三毛是完好的，健康的，这就足够了，损失的那些东西都不算什么。第二天，他们就找到了一个家具齐全的美丽小房子，算是有了一个栖身之所。

三毛在荷西回来之后，写信给台湾岛内的父母报平安，在信中，她写道："荷西今天在最最危险，几乎是不可能的情形下坐军舰离开……结果今天他来了，爹爹，姆妈，你们的女婿是世界上最最了不起的青年，他不但人来了，车来了，连我的鸟、花、筷子、书、你们的信（我存了一大箱），全部运出来，我连一条床单也没有损失，家具他居然卖得掉，卖一万二千元。”三毛对荷西的爱跃然纸上，对荷西凡事都能处理得好的能力也是更加钦佩，离开了撒哈拉沙漠，他们要重新开始自己的生活了。

那一阵子，三毛与荷西所有的积蓄都投入到那栋房子上，分期付款让他们捉襟见肘。三毛没有稳定的收入，荷西也因为离开了工作的地方而失业了，他们过得十分窘迫。在当地尝试了很多次，但荷西找不到合适的工作，万般无奈之下，荷西只得又回到原来的公司去，每周末才能搭飞机回到岛上。

三毛一个人留在了岛上生活，与荷西分隔两地，再加上担心荷西的安危，三毛每天生活在惶恐之中。有一天她外出时走了神，在路上被车撞倒，伤得不轻，荷西得知后毅然辞职，选择回到三毛身边贴身照顾她。因为自己的原因令荷西丢了工作，三毛感觉自己很没用，在两个人的生活出现了困境时，自己竟然帮不上忙，还总是拖荷西的后腿。

养好伤之后，三毛的身体依然不见好，她下身持续出血的疾病一直让她饱受折磨。夫妻二人，一个患病卧床，一个失业在家，那段日子，两个人拮据到了极点。三毛写信给蒋经国，说荷西是自己的丈夫，是台湾地区的女婿，是否能够帮荷西在台湾地区找一份工作。但是等来的答复是台湾地区没有适合荷西的工作。

人生就像一道抛物线，那时候三毛认为自己处于最底端，她与荷西的生活没办法得到保障，荷西为了生存，便每天下海打鱼。在撒哈拉沙漠的时候，他们的生活虽然也不富裕，但是好歹有荷西那份固定的薪水保底，也不致太穷困。来到了岛上，生活环境虽然变得好了一些，但三毛与荷西的身体和精神状态反而不如在沙漠中好。

三毛的身体一天不如一天，为了治病，她只好选择回台湾岛内，但是当时他们的钱只够买一张去台湾地区的机票，荷西便没有同行，留在了岛上，等待三毛病愈归来。三毛带着一身伤病回到台湾地区，风尘仆仆回到家乡，三毛没想到等待和迎接她的竟然是无数的鲜花和赞美，三毛所写下的那些文字在台湾岛内引起了很大的反响，她所写下的那些生活离台湾地区实在太远了，人们渴望而又不可即。

当三毛回到台湾地区后，就好像一个远离人间的谜团终于降临，人们纷纷对她伸出热情的双手，一批又一批的记者采访她，相识的或者不认识的人要请她吃饭，还有各种活动的邀约，让习惯了一个人的三毛很不适应。她没想到记录了自己在国外的几年生活，会让自己变成名人。

在三毛被闪光灯晃得睁不开眼睛时，荷西在朋友的介绍下在尼日利亚找到了一份工作，为德国一家公司打捞沉船，但那家公司十分恶劣地克扣他的薪水，还强制他每天加班工作。夫妻二人的境遇截然不同，命运在三毛与荷西的那次暂别后为他们打开了不同的大门。三毛如果选择留在台湾岛内，便可以过上安逸的生活，但三毛一分一秒也没有忘记荷西，她在治疗好身体的疾病之后，毫不犹豫地选择回到荷西身边。

后来，他们在“丹娜丽芙岛十字巷”住了一段时间，荷西在那里参加修建人造沙滩的工作，日子渐渐好转起来。那项工作结束之后，二人回到加纳利岛上的家里，荷西也有了新的工作邀约，两个人要前往拉芭玛岛。知道这个消息后，三毛心里就一直很不安宁，觉得好像有什么不好的事情要发生，但是她自己也说不清楚。

当三毛与荷西到了拉芭玛岛后，三毛虽然很喜欢岛上的美丽景色，但是她身体的状况一直让她忧心，她觉得胸口不时地疼痛是一种不好的预警，她猜测自己随时可能会因为身体的某种疾病而死去，还去找律师立了遗嘱。

日子不疾不徐地滑过，很快到了三毛与荷西结婚六周年的日子，荷西送了三毛一个老式女表，他对三毛表白说送这个表是让三毛一分一秒都不能忘记自己，三毛听后心里一惊，觉得这样的表白很不吉利。

三毛的父母从台湾地区到欧洲旅行，找了个时间搭飞机去加纳利群岛看他们，他们先抵达了西班牙，荷西问三毛见到了她的父亲是否应该称呼为陈先生。三毛说如果这样的话，她父亲会一下飞机就立马掉头上飞机回台北，三毛让荷西叫自己父亲为爸爸，但荷西觉得这样很肉麻，因为在西班牙没有这样的习俗。

两个人因为这件事情商量了很久，依然没有结果，荷西始终认为在西班牙对岳父和岳母就是以先生、夫人相称的，但是三毛了解她父亲的脾性，如果他听到自己的女婿称呼自己为先生，一定会气到脑子蒙掉。三毛只好决定静观其变，等荷西与自己父母见了面再随机应变。

“我的生命里有三个人，一个是爸爸，一个是妈妈，还有就是你，再者就是我自己，可惜没有孩子，否则这个生命的环会再大一点，今天我的父母能够跟你在一起，我最深的愿望好像都达成了，我知道你的心地是很好的，但你的语气和脾气却不一定好，我求求你在我父母来的时候，一次脾气也不可发，因为老人家，有的时候难免会有一点啰唆。”三毛不断叮嘱荷西千万表现得好一些。

结果，三毛陪父母在西班牙玩了十六天，回到加纳利岛时，荷西专门请了假去机场接他们。当他看到三毛父母时，就一只手抱着三毛爸爸，一只手抱着三毛妈妈，当他发现自己没有手可以抱三毛时，就叫三毛过去，然后把他们三个人环在一起，竟然用中国话叫了声："爸爸！妈妈！"喊完之后又不知道该说些什么，低下头拼命把箱子塞进车里去。

在车上的时候，三毛让荷西多用英文说话，但荷西用西班牙语说自己太紧张了，已经好几个晚上没睡着觉了。那一刻，三毛明白了，对于一个中国人来说喊自己的岳父和岳母为爸爸和妈妈是很顺口的事情，但作为一个外国人喊从未见过面的岳父和岳母为爸爸和妈妈就是很为难的事情，荷西能够喊出口，是因为他对自己有着太多的爱，是那些爱让他冲口而出那声爸爸、妈妈的。

回到家后，荷西与三毛的父母相处得非常愉快，在一次吃饭的时候，荷西突然对三毛爸爸用生硬的英语说道："爹爹，你跟 Echo 说我买摩托车好不好？"听到荷西那句话，三毛起身走到洗手间哭起来，她知道从荷西喊出"爹爹"这个词时，他与自己父母之间的关系近了一大步。

三毛的父母在她那里待了一个月，三毛又陪他们去伦敦旅行，荷西送他们去机场时，和三毛母亲约定明年一定去台湾地区玩，荷西抱着三毛的妈妈说道：“妈妈，我可不喜欢看见你流泪哟！明年一月你就要在台北的机场接我了，千万不要难过，Echo 陪你去玩。”随后，三毛和父母上了一架小型的螺旋桨飞机，因为他们住的那个小岛，喷气式飞机是不能到的。三毛在飞机上看着荷西，两个人不停地招手。

飞机上一位太太问三毛和她招手的人是她丈夫吗。三毛说是的，那位太太说自己是来看儿子的，随手还递给三毛一张名片，上面写着她是某人的未亡人。这是西班牙的风俗，如果你是守寡的女人，名片上就要在自己的名字前加上一句：某某的未亡人。三毛觉得那张名片上的字很刺眼，让她感到很不舒服，但是她当时也没有多想，没想到在收到那张名片两天之后，她也成了某人的未亡人。

1979 年 9 月 30 日，伦敦夜里，三毛接到了荷西出事的通知，那天，是中秋节的第二天，万家团聚的日子，三毛却永远和她爱的人阴阳两隔了，荷西那句明年要去台湾玩的承诺，永远随着他沉入了海底。三毛一生都没有那么不勇敢过，她以前想自己是一个很勇敢的人，可是失去荷西让她觉得生命碎成了粉末，她的一切都没有了色彩。《圣经》上说“我给你的都负担得起”，一个人总有面对自己无法承受的事情的时候，三毛觉得失去荷西是她一生最无法承受的事情。

失去了荷西的三毛不再是三毛，她难过得几次要死去，与荷西在一起才是她，荷西走了，她也就不再是她了，她不再是一个完整的人，而变成了一个没有心的空壳。三毛不愿意接受这个结果，不愿意承认这个事实，她不能，也不要失去荷西，她怕得近乎疯狂，但最终还是要接受，这是命运硬塞到她手里的毒苹果，她必须吃下。

空空地来，空空地去

人之所以悲哀，是因为岁月难留，再怎么不肯面对，也不得不承认，有朝一日，青春就像风一样自然而然地消失不见了。荷西的辞世，令三毛内心的苦寂更深一分，不过是一次寻常的离别，还以为几日后便会再次相见，还会手牵手在夕阳下散步，还会看到他唇边浅浅的笑意，但是怎么也不会想到，只是一个转身之后，这尘世的缘分便断得这般彻底。

曾有一份刊物找三毛写稿，是篇命题文章，“如果你只有三个月的寿命，你会去做些什么事？”三毛当时思考了很久，一直不知道该如何下笔去写这篇文章，她将这个题目讲给荷西听，荷西也很好奇，他一直追问三毛如果真的遇到这样的情况，会选择在自己生命的最后时刻做些什么。

三毛耐不住荷西的追问，便笑着告诉他，自己不会死的，与荷西在一起，三毛怎么舍得死去呢？她还要陪在荷西身边，为他洗手做羹汤，与他看岁月老去。当时，三毛正在厨房做饺子，她用沾满面粉的双手轻轻揉了揉荷西的头发，告诉他：“傻子，我不会死的，因为还得给你做饺子呢。”

只是寻常的一句话，荷西的眼睛里突然蒙上了水汽，接着，荷西就像一个顽皮的孩子，紧紧搂着三毛的腰不肯撒手，三毛怎么说都不行，一直到她将饺子做好端上桌，荷西才松开手，那副紧张又不舍的样子，好像三毛所要写的文章题目真的会发生在他们之间似的。荷西向来有些孩子气，三毛当时也不以为意，只是调笑了一句：“你神经了？”但是荷西却一直在喃喃说道：“你不死，你不死，你不死，你去和那个杂志说不写这个稿子了，因为我们都不死。”

荷西的态度令三毛惊讶了，她问那两个人怎么样才死。荷西说要到两个人都很老很老，再也走不动的时候，就穿上干净的衣服，一起躺在床上，闭上眼睛，然后死在一起。后来，三毛一直没给杂志写那篇稿子，因为她有一个丈夫，她要给他做饺子。

这件事情只是三毛与荷西生活中很小的一个插曲，他们想要相守一辈子，他们以为大好的年华还有很多可以虚度，这样好的人生，怎么能允许死亡提前登场呢？但是，死亡并不因为人们的拒绝而缺席，只不过在三毛与荷西之间，死亡选择了荷西，独自一人留在世间的三毛，默默体会着剜心之痛。

在这个世上，三毛最重视的三个人是她的父母还有荷西，只要这三个人中任何一个人活着，她都断不会选择轻生，这是她在经历了尘世捶打之后，对自己下的约束，她不能让这三人失去自己。可是她没有想到，自己会先失去荷西，那个昔日固执等待着她的年轻男孩，永远将生命留在了最爱她的芳华里。

人本就是孤独地来，孤单地去，来也空空，去也空空，生命易碎，脆弱得令人扼腕，所以许多人才说要珍惜当下，善待眼前人。那份杂志要求三毛写一写如果生命只剩下三个月会做些什么，应该也是深谙人性弱点，惧怕死亡带来的离别。三毛与荷西短短数年的婚姻生活，已经烙刻在了三毛的骨血里，只要她还活着一天，就忘不掉荷西和她在一起的每一天，那是他们爱情的印记。

荷西有两个爱人，一个是三毛，一个是海。荷西非常爱大海，他喜欢潜水，海底的世界让他像鱼一样自由自在，但是谁能想得到他深爱的大海有一日会夺走他的生命呢？三毛在荷西出事后痛不欲生，荷西与她在一起的点点滴滴都回到了她的眼前，她怎么会想得到寻常的一次道别竟然成为永别。

“荷西讲天象，他懂得天文、星座，讲海底的生物……他根本就是一个哲学家，当他对我讲述这些的时候，我认为台湾的男孩子接触大自然实在太少了。他们可以去郊游，但那不是一个大自然，不是一个生活。你无法欣赏，你就不能成为大自然的一部分，因为你终究还要回到现实，这是很可悲的。”三毛心中的荷西很完美，没人能够比得上，可是这个人不打一声招呼地就永远离开了她。

在荷西去世的第一年，三毛在荷西父母家住了五六天。那几天的时间里，她哪儿都不肯去，只是翻出荷西小时候的照片来看。荷西父母害怕三毛将照片带走，总是很紧张，三毛想要将照片带去照相馆翻拍，但是荷西父母害怕三毛说话不算数，偷偷将照片带走，不肯答应，最终，三毛也没能将荷西小时候的照片带在自己身边。

在三毛整理行李，准备离开荷西父母家的时候，荷西的二哥偷偷跑到三毛的房间，塞给她一本册子，三毛刚想开口问是什么东西，荷西的二哥示意她不要作声，三毛领会地点点头，将册子放进了行李里，然后故作镇定地去厨房帮助荷西妈妈做饭。

当三毛离开荷西父母家，回到加纳利岛上她与荷西的家时，她在深夜的孤灯下，翻开那本册子，第一页是荷西小学一年级的照片，那是一本成绩簿，荷西从小到大的成绩都在上面，三毛慢慢翻看荷西的成绩，有很多个不及格。荷西一直是非常能干的样子，三毛没想到他小时候和自己一样，也会得那么多的不及格，三毛心里忍不住窃喜，两个不及格的小孩子最终相爱，真是绝配。抱着荷西的成绩簿，三毛想了很多，又流了很多的眼泪。

离开的人先走了，留下的人兀自痛苦，三毛曾在一次深夜对父亲和母亲说道："如果选择了自己结束生命的这条路，你们也要想得明白，因为在我，那将是一个更幸福的归宿。"在最疼爱自己的至亲面前，说出这样沮丧的话，三毛已经被内心的痛苦折磨得不堪忍受了。她想要放弃生命，选择解脱，但是她又不忍看到父母垂泪，为她伤心，这个世界是一个巨大的舞台，三毛想要提前谢幕退场，但又不愿伤害亲人、关心她的人，所以一直在心中劝慰自己：活下去，一定要活下去，一个有责任的人，是没有死亡的权利的。

多年之后，三毛再次想起那篇约稿，心中的答案依然是不要死，她不能允许自己死掉，她还有想要守护的人、想要守护的事，虽然荷西离开了她，但她也不能就此放弃生命，放弃整个世界。

在生与死的痛苦抉择中徘徊，三毛过得很是辛苦，所以，她才会在深夜中对自己的父母说出那样绝望的话语，她是真的累了，她也希望像荷西一样永远地睡去，获得永恒的平静。三毛的母亲听闻此言，眼泪夺眶而出，但是她知道自己的女儿已经十分脆弱了，禁不起任何的刺激，所以她不敢多说什么，只是一遍又一遍地安抚道："你再试试，再试试活下去，不是不给你选择，可是请求你再试一次。"

试着活下去，而不是试着死去，这是三毛母亲对她卑微的乞求，身为一个母亲，看着自己十月怀胎，辛苦养育的女儿饱受痛苦的折磨，她的内心比谁都痛，她当然知道死去是解脱，但是人世艰难，她更希望女儿能够坚强一点，再坚强一点，走出心里的这段阴霾，重新看到阳光。

三毛的父亲听了三毛的话，脸色变得十分黯淡。他对三毛从小操了不少的心，他不求三毛能够有多大成就，只希望自己的女儿能够安康活着，可是，在他面前，三毛居然说自己想要离开这个世界，离开这个家。三毛的父亲语气中压抑不住怒气："你讲这样无情的话，便是叫爸爸生活在地狱里，因为你今天既然已经说了出来，使我，这个做父亲的人，日日要活在恐惧里，不晓得哪一天，我会突然失去我的女儿。如果你敢做出这样毁灭自己的生命的事情，那么你便是我的仇人，我不但今生要与你为仇，我世世代代都要与你为仇，因为是——你，杀死了我最最心爱的女儿——”

说完这些话，三毛的父亲慢慢踱步离开了房间，三毛的母亲不再说什么，只是静静地哭泣，三毛自己也哭得止不住，她后悔自己对父母说了这样残忍的话，伤了他们本就千疮百孔的心。虽然荷西的离世，令三毛心如死灰，但也正是因为如此，她知道如果自己选择了死亡，自己的父母会承受怎样的伤痛。

切身体会过之后，三毛真正明白了看着爱的人离开，并且永不会再相见是一种什么样的感觉。爱情是三毛人生中一直在追求，并且十分重要的一部分，但同时，三毛也清楚地知道，爱情并不是她人生的全部，她的人生中还有许多不可抛弃的人和情感，她不能那么自私，只为了让自己心安，就让那些人心痛。

在那个崩溃的深夜谈话之后，三毛重新让自己振作，她又一次明白了，她的生命在她父母心中，在爱她的人心中是多么重要。她轻易的一句想要放弃生命的话语，就会对他们造成多么大的创伤，三毛告诫自己，千万不要再有下一次，就算自己心里再怎么痛苦难忍，也千万不要在父母面前流露出来，那样，就会把一个人的痛，变成三个人的痛，她不愿那么自私，也不敢那么自私，她不想年迈的父母因为她，每日还生活在焦灼、紧张的情绪之中。

于是，每一个午夜梦回，思念荷西的时刻，三毛都把自己严密地裹在黑暗之中，疯狂地想念，寂寞地流泪，她以前从未想过，原来夜晚是那样漫长，一分一秒地流逝，让人看不到时间的尽头，晨曦就像永远不会降临，自己身处在暗夜之中，除了寒冷，便只剩下寂寞了。在这样残酷的残生中，三毛一边忍受痛苦啃咬着自己的内心，一边又不住地感谢老天，先离开的人是荷西，而活下来的人是自己。如果当初发生意外离世的是自己，那么饱受折磨的人就变成了荷西，三毛不愿意荷西忍受这样的痛苦，她不断在心里念着：万幸自己所承受的这一切都没有轮到荷西，如果荷西像自己这样活下去，那么自己一定会不顾一切地和他换回来。

想到如果死的是自己，荷西的后半生将会在失去爱妻的痛苦之中无法呼吸，想到如果失去自己，父母会多么崩溃，三毛不禁觉得自己还活着真好。因为自己活着，爱自己的人少承受了很多的痛苦，也因为自己还活着，荷西虽然离开了这个世界，但这个世上永远有一个自己，无止境地想念他，爱着他。

离别是杯苦酒，从唇舌进入口腹，苦到每一个细胞都战栗，但三毛为了爱她的人和她爱的人，甘愿自饮这杯苦酒，她愿意饮下每一杯离别的酒，只要她珍视的人能够少几分伤痛，她愿意做目送所爱之人一个接一个离世的人，她愿意承受送别所爱之人的苦楚。在离别之中，三毛学会了爱，她知道爱有多深，牵挂就有多长。“我是没有选择地做了暂时的不死鸟，虽然我的翅膀断了，我的羽毛脱了，我已没有另一半可以比翼，可是那颗碎成片片的心，仍是父母的珍宝，再痛，再伤，只要他们不肯我死去，我便也不再有放弃他们的念头。”在《不死鸟》一文中，三毛这样写道。她明白先离开的那个人是比较幸福的，而留下的那个人只能逼迫自己做生活中的强者，忍受切肤的疼痛。

死亡是劫难，每个人都要渡这样的劫。在失去荷西的日子里，三毛忍受着生活的艰难，承受着心里的空虚，这一切只是因为她希望自己能够给父母带来一丝安慰，让他们不再忧心自己。这个世上，总有些人要比自己的生命更重要，三毛想要同荷西同生共死，但她也不能忍心丢弃父母在尘世间受难。既然没有两全的办法，那就只有藏起对荷西的相思，让自己在这个世上活得能够长久一些，再长久一些，让自己承担起自己应当承担的责任。至于荷西，三毛只能盼望着有朝一日，在死亡的尽头，他们还能再度重逢。

荷西，她的爱人，她的朋友，他们一起看过的日出和日落，一起走过的路，都将成为三毛独自一人时，给予她勇气的回忆。她感恩，她知足，她深深地明白，在这个世界上，谁不是孤独地生，谁又不是孤独地死呢？

漫天的繁星，无垠的黑暗，过往的幸福如云烟消散，被封锁在记忆的深处，只有当静谧的时刻，才会从心底拿出，细细品味，原来，幸福从未走远，始终萦绕灵魂四周。

爱到底是什么东西，让人至死也不松手

从未得到痛苦，还是得而复失痛苦？这是无法辩证的一道题目，上天将这道题出给了三毛，如果三毛始终没有接受荷西，她或许就不会有失去荷西后的锥心之痛了，但生命从来没有如果。在西班牙，三毛答应了荷西的求婚，他们相亲相爱地度过了六年的婚姻生活，这是三毛一生最大的幸福。但是幸福总是短暂的，荷西离开了她，没有留下只字片语。当荷西的尸体被人们从海里打捞上来时，三毛终于明白，荷西真的走了，她的爱人，她的朋友，她的挚友永远地离开了她。

在三毛与荷西居住的附近有一片墓园，那片墓园是三毛曾经与荷西常常经过的地方，三毛以前从没想到过，她的爱人，有一日竟然也会葬在里面，她与荷西的爱情，就被葬在了那片墓园里。他们刚来岛上居住的时候，常会站在墓园外看着里面的树木，还有那一片被围起来的寂寞土地，而今，荷西也要被埋葬在那片寂寞的土地之下，永远沉睡在里面，三毛再也见不到他了。

荷西被埋葬后，三毛每天清晨就去墓园，呆坐在荷西的墓碑前，看着风吹过树叶，听着小鸟的叫声，她能够看到墓园的土坡下，是荷西最后工作的地方，那片湛蓝的大海，吞噬了她爱人的生命。从早晨待到黄昏，看着日子一点一点地从眼前流过，三毛只是觉得岁月太残忍了，为什么一定要把荷西从她身边夺走。

当天色暗下来，守墓人会来到三毛面前，低声劝慰道："太太，回去吧，天都暗了。"三毛起身道谢，然后默默地穿过那一座座墓碑，走出墓园的大门，看着守墓人将墓园的门锁上，看着她的荷西被锁在里面，才死心地朝家的方向走去。从墓园到家的路程不算远，随着天色的暗沉，家家户户点亮灯火，万家灯火明，三毛的心却是一片死寂。

回到租来的公寓里，三毛的母亲会在门口迎接她。自从荷西去

到底是什么样的爱，才会这样时时刻刻地流淌，三毛的心脏不争气地狂跳起来，她不再与母亲争执，她回到车上，看着母亲拎着两大袋很沉很沉的东西，一步一步往家里走去，三毛的眼泪流了下来，她知道母亲对她的爱有多么深，只要母亲还活着一天，就绝不肯委屈她一秒钟。

爱到底是什么东西，为什么会让人那么痛苦，但是只要能够握住爱，却是到死也不肯松手。

世后，三毛的父母就一直陪在三毛身边，三毛伤心，他们也难过，三毛不吃不喝地憔悴下去，三毛的父母也是食不知味地暗暗叹息。三毛回到家里后，和父母打过招呼就会回到自己的卧室里躺下，默默等着清晨的到来，当天一亮，她就会起身去墓园，再陪着荷西待上一天。

不吃东西总是不行的，为了让三毛可以吃上点东西，三毛的父母想尽办法劝她，三毛的母亲总会在三毛回家后端上一碗汤送到卧室，好言好语地劝三毛喝上几口。三毛不愿让父母伤心，但是她的喉咙的确咽不下任何食物，她只好将头埋进枕头里，一言不发地闭上眼睛，直到母亲把那碗汤端走。

刚失去荷西的那段日子，三毛每天过着行尸走肉的日子，她不关心身边的一切，包括她的父母，她只是沉浸在悲痛中无法抽身。她不知道自己的伤痛让她的父母也每日无法安睡，每当她去墓园陪荷西时，她的父母就在家中忧心一整天，一直到她夜里安然回来才松一口气。但是这些，三毛的父母从不肯对她讲，在他们看来，自己的女儿已经够苦了，失去了丈夫，失去了活下去的希望，他们能够做的就是陪着她，爱她，让她挺过那一段艰难的时日。

浑浑噩噩中，三毛在墓园中度过一日又一日，直到一些必须她去办的事情找上她，她才意识到自己还有那么多事情需要去处理，“要去葬仪社结账，去找法医看解剖结果，去警察局交回荷西的身份证和驾驶执照，去海防司令部填写出事经过，去法院申请死亡证明，去市政府请求墓地式样许可，去社会福利局申报死亡，去打长途电话给马德里总公司要荷西的工作合同证明，去打听寄车回大加纳利岛的船期和费用，去做一件又一件刺心而又无奈的琐事”。

每一件事情都必须去做，三毛默默盘算着应该先要做哪一件。她去办事的途中，看到了父母站在街边，三毛没想到会在街上遇到父母，她总以为父母每天都会待在家里等着她回家。那天，三毛的父母买了一束康乃馨，他们想要去墓园看望荷西，天气很热，三毛看到父母不停地在擦汗，想要开车送他们去墓园，但是父母坚决说要自己去，让三毛去忙自己的事情。

父母朝墓园走去，三毛看着他们的背影一点点地消失在人群中，她不知道语言不通的父母是如何从家里出来找到花店，又如何买了花，看着父母的背影，三毛觉得自己很不孝，父母那样大的年纪，为了她来到这里陪她一起受苦，还要在烈日下走那么远的路去看望她的丈夫。

在烈日下，三毛觉得头昏眼花，她不明白这一切究竟是怎么了，她为什么会突然失去了荷西，她的父母为什么要万里迢迢地跑到这里来拿着一束花寻找前往墓园的路，三毛心里难过，眼睛里却是一滴泪都流不出来，她的眼泪已经在荷西死去的时候都流光了。

在黄昏的时候，三毛返回墓园，她看到父母把买的那束花放错了地方，放到了荷西坟墓后面的一座墓碑前，两座墓碑都没有铭牌，难怪三毛的父母会搞错了。三毛听说那是一位老太太的坟墓，她轻声说道："老婆婆，花给了你是好的，请你好好照顾荷西吧。"

从墓园回去之后，三毛找人铭牌，她在一个老木匠的店里，请他刻字。"荷西·马利安·葛罗——安息，下面刻上——你的妻了纪念你。"三毛轻轻地说，老木匠闪着泪花的双眼望着她，三毛也想要哭，但是她哭不出来。

为荷西的身后事忙碌着，三毛几乎没有时间关注自己的父母，每当家里有朋友来探望，她的父母就进到卧室里，父母对三毛细微的陪伴，无声到三毛几乎要忘记自己身边还有父母关爱的眼神存在。有一天，三毛清早要出门，父亲问她去哪里，随后说自己不懂西班牙语，什么忙也帮不上。三毛听了父亲的话，心里重重地痛惜了一下，她不敢告诉父亲自己没有请工人，要独自去为荷西做坟的事情。

在墓园里，三毛搬着十字架立到荷西墓前，她要为荷西做一个永久的寝园，这是她能够为荷西做的最后一件事情了。那天的风特别大，三毛从墓园回来，看到母亲独自走在路上，母亲的头发被风吹得乱飞，整个人就像是一片风中单薄的叶子，随时可能被吹进海里去，三毛赶紧停下车，朝母亲跑过去。

三毛问母亲去哪里，为什么不叫自己一同前去，母亲说不过是去超市买点菜而已，口气平淡得很，三毛看着母亲拎着那么多重物，在风中摇摇晃晃。要知道三毛的母亲是一个不认路的人，就算是在熟悉的台北，也常常会弄不清街道，可是现在，她为了陪在三毛身边，在陌生的国家向语言不通的人打听超市怎么走，还要在恶劣的天气里拎着一大兜的菜，摸索着回家的路。

这样的生活到底是怎么了？三毛恍惚了，她看着面前的母亲，自责得恨不能立刻死去。三毛不敢相信眼前孤零零的妇人是自己的母亲，她的母亲应该充满欢乐的气息，可是眼前这个人却被愁苦所包围。三毛坚持要帮母亲把东西送回家，但是母亲不想耽误她做事情，固执地不肯答应。两个人在街上拉扯起来，三毛去提母亲手中的袋子，母亲大叫起来，说三毛的脊椎骨不好，让她赶紧放手。

到底是什么样的爱，才会这样时时刻刻地流淌，三毛的心脏不争气地狂跳起来，她不再与母亲争执，她回到车上，看着母亲拎着两大袋很沉很沉的东西，一步一步往家里走去，三毛的眼泪流了下来，她知道母亲对她的爱有多么深，只要母亲还活着一天，就绝不肯委屈她一秒钟。三毛泪如雨下，她干涸了许久的眼泪终于流了下来，她觉得自己不再是行尸走肉了，父母对她的爱，让她重新活了过来，她知道自己在荷西死后的种种表现有多么令父母伤心和难过，她发誓自己一定要活得坚强些，不能让父母再为自己心碎了。

爱到底是什么东西，为什么会让人那么痛苦，但是只要能够握住爱，却是到死也不肯松手。

第五章 红尘来去，未能好好别离

人类往往少年老成，青年迷茫，中年喜欢将别人的成就与自己相比较，因而觉得受挫，好不容易活到老年仍是一个没有成长的笨孩子。我们一直粗糙地活着，而人的一生，便也这样过去了。

——三毛

梦里花落知多少

三毛写过："爱情如果不落到穿衣、吃饭、睡觉、数钱这些实实在在的生活中去，是不会长久的。真正的爱情，就是不紧张，就是可以在他面前无所顾忌地打嗝、放屁、挖耳朵、流鼻涕；真正爱你的人，就是那个你可以不洗脸、不梳头、不化妆见到的那个人。"

三毛与荷西曾经有个约定，那就是不要生孩子，因为三毛觉得，如果生个女孩自己可能会把她打死，因为自己会吃她和荷西的醋；而如果生一个男孩，荷西会把他倒吊在阳台上，因为自己会过于爱那个孩子，所以，他们觉得他们两个人的生活里还是不要有孩子来分享他们对彼此之间的爱了。

但是在荷西见过三毛父母之后，他改变了想法，他觉得家里有一个孩子才是一个完整的家，他希望三毛能够为他生一个孩子，他渴望着与三毛的二人世界变成三人世界，或者四人世界。三毛也很感动于荷西对她的深爱，她当然愿意为荷西生孩子，生很多个孩子，一大家人热闹、幸福地生活在一起。

两个如此相爱的人，却早早地被命运分开，三毛在荷西去世后，一度痛苦得难以活下去。三毛的父母将她接回台湾岛内，悉心照顾，每日每夜地小心看管着三毛，他们太了解自己的女儿了。当年与三毛订婚的那位德国教师因病突然去世，就让三毛经历了一场抽筋扒皮的痛苦，她好不容易用岁月的良药治好了自己，遇到了荷西，但是荷西却以更惨烈的方式离开了三毛。这样的打击会让三毛再无求生的念头，三毛的父母只得日日宽慰三毛，他们不忍心看到三毛在失去挚爱的痛苦中苟活，但更不愿意三毛为了追随爱情便离他们而去。

在父母与朋友的支持和照顾下，三毛强忍下心中的悲痛，尝试着重新开始一个人在这世上独行的生活。既然总是要活下去，就不能一直活在过去伤痛的阴影中，三毛不断地让自己去面对新的生活，给自己找了许多事情去做。工作总是能够让人分心，失去荷西的痛苦能够被淡化一些。

选择去学院教书的决定，让三毛觉得日子似乎不再那么难过了，她每天和学生在一起交流，孩子让她感到放松，学生们都很喜欢三毛，他们对三毛的喜爱与尊重也令三毛重拾了生活的勇气。每上完一堂课就会觉得近乎虚脱的劳累，但三毛并不觉得苦，只是觉得欣慰、踏实还有安宁。她一生经历的风风雨雨实在太多，能够有这样繁华落尽后的安逸时光实在值得珍惜。

教书育人是最能给人带来成就感的，在教室里看着自己教出来的学生渐渐了解和认知艺术文学中的美和智慧，三毛觉得自己就像是一个农夫，每天都在课堂这片沃土上尽心浇灌一株又一株的幼苗，然后看着这些幼苗一天天地成长。

三毛虽然在海外生活了十多年，但是她还是一直在向自己的学生强调多读中国古典小说，她希望自己的学生能够更多地了解传统文化，才能在以后成长的日子里更好、更立体地看待世界。

一日，三毛在她住的宿舍门缝里看到一封信，没有署名，但是信上的字迹很眼熟，应该是她教的某个学生，信上写道："老师，你还是走吧！在这儿，真懂得你的又有几个？与其在台湾教化出几批陶陶然不知有他的工匠，莫如好好地在外域落地生根，寻找幸福。化生一树林中国枝干的新品种。自然不能恨你的走，不是——”

三毛与荷西的事情，众人皆知，即便是三毛的学生，也能够看出三毛每日平淡的生活下，隐藏的是一颗支离破碎再也无法黏合的心。三毛将信收起，她当然知道自己留在台湾岛内只是暂时的，她还是会走的，至于去到哪里，她也没有方向，这个世上没有了荷西，三毛的眼中便是茫然一片，她没有了可以明确的方向，她只知道自己要远行，可是她不清楚自己的目的地会落到哪里。

不过，三毛不着急，她多年来学会了一件事情，那就是等待，当许多事情无法找出答案的时候，不用焦虑，只需要耐心地等待，时间便会在有朝一日把你想要的答案摆在你的面前。三毛已经不再强求，她只是等待命运再次给她方向，到时候，她自然会收拾行囊再次出发。

至于眼下，三毛便安心做好一个教书匠，将自己所能都教给沃土中的幼苗，然后细心呵护着幼苗渐渐长大，那些幼苗那么快速地、迫不及待地向天空生长，很像三毛年幼时那样，急切地长大，急切地想要过上与当下完全不同的生活。

“人生一世，也不过是一个又一个二十四小时的叠积，在这样宝贵的光阴里，我必须明白自己的选择，是为和朋友相聚的累与欢喜，还是为自己的学生？我不戴表，可是我知道已是什么时刻。”在《野火烧不尽》一文中，三毛清醒地这样写道。她知道自己想要过什么样的生活，她知道在自己失去荷西之后，应该如何更快地疗伤。在文中三毛写道，不想要朋友们不断地给家里打电话，因为那些电话铃声吵得自己母亲几乎精神崩溃，也让三毛每天都不敢回家，害怕接到那些慰问和关心的电话。三毛希望朋友之间君子之交淡如水，希望朋友们能够给自己独处的时间。

这篇文章写完后，三毛的母亲不许她发表，因为三毛文中的话会得罪很多人，社会毕竟是人情社会，三毛这样直接的词句会让她受到非议。但是，三毛还是坚持发表了文章，她不希望被太多不适合自己的关心搅扰，她只想独自修行，她变得比任何时候都更加冷静、强大，她能够这样从容不迫地写出自己的心里话，是因为她对生命看得更加清楚了，她知道自己的付出，在哪一个方向才是真正的有意义。

在发表了《野火烧不尽》之后，三毛前往彰化演讲，演讲结束之后，第一排有一个女孩子站起来走向三毛，三毛留意到她的左手不能动，是个有残疾的女孩子，女孩将一个小皮套子递给三毛，是一枚印章。

三毛接过女孩送给自己的礼物，她问女孩上面刻的什么字，女孩笑着回道：“‘春风吹又生’，我自己刻的，给你。”

野火烧不尽，春风吹又生。三毛被女孩子的一句话说到动容，她看着那个女孩子慢慢地回到座位上，觉得她和那个女孩子都是春风吹又生的小草，经过命运大火的焚烧，满身伤痕的她们还是站了起来，三毛觉得女孩送她的这个印章给了她更深的力量，她的灵魂正在被穿透乌云的阳光照射到。有那么多熟悉的，或是陌生的人在对三毛给予关爱，他们默默的爱与支持是三毛坎坷命运中的雪中送炭。

荷西藏在三毛心里很久，三毛不愿与旁人谈及他，因为只要一说起荷西，三毛就会觉得心痛难忍。她对荷西的爱丝毫未减少，虽然荷西已经离世，但是三毛觉得荷西还是在冥冥之中陪伴着自己，不过，三毛也一直在努力地修葺自己，把自己的心修整得更加坚固，世上的事情只要肯用心钻研，就没有一件是晚的，三毛必须学会在没有荷西的日子更好地活下去，她认为自己能够做得到。

漫漫前路，三毛总能找到宁静又快乐的小径，通往未来，连接梦想。

记得当时年纪小，
你爱谈天我爱笑。
有一回并肩坐在桃树下，
风在树梢鸟在叫。
不知怎么睡着了，
梦里花落知多少。

这首诗的原名叫作《本事》，作者是卢前，这首诗是三毛引用在她的散文集《梦里花落知多少》中的，这本散文集是在荷西意外去世之后，三毛悲痛欲绝，伤心难过的状态下完成的，饱含了她对荷西的思念。

三毛曾说过这样的话：“我的写作，完全是游于艺。是玩，就是玩，写完了，我的事情也了结了。我从没想到会有这么多的读者，也很少想到稿费，但是，文章登出来，看排版铅字，是一种快乐。”她凡事都为了让自己快乐，喜欢无拘无束，她在遥远的撒哈拉沙漠做一个异乡流浪者，她将自己装扮得好像印第安少女，性情也是爽朗不羁。

在与荷西相爱的那几年里，三毛成了一个完全不同的自己，她勇敢，坚定，快乐又慈悲。三毛不想自己在失去荷西之后，又退缩成没有离开台湾岛之前的那个胆小、怯懦的三毛，她要更加勇敢地活下去，纵然身边空无一人，她也不会再把自我丢掉了。

夜深了，一天又快要结束了，日夜不厌其烦地更迭，三毛思念着荷西，但是她知道无论她如何想念，荷西都不会再回到她身边了，她不能永远将自己困在过去的回忆中，她必须离开，必须挣脱回忆的枷锁，她要尽快地粘好碎掉的心，然后去漂泊，只有流浪能够让她忘记伤痛。

天色就要亮起来了，悲伤也会尽快地过去，生命无所谓长短，不论是开心还是悲哀，得到抑或失去，这些最终都会过去的。

只有自己可以救自己，别人救不了

三毛在一次演讲中提到她收到过一封年轻读者的来信，那位读者是个高中女生，称自己在读初三的时候，因为升学压力太大想要自杀，正巧那个时候读到了三毛的书，因而有了改变，不再想自杀的事情了，升上高中之后，这位女生读三毛的书知道了荷西去世的事情，她给三毛写信说觉得人生很假，毫无意义，她还是想要死去。三毛收到这封信后不知该如何开解，她迟迟无法回信，她不愿那位女生死去，更不愿那位女生受到自己书中的影响而轻易对人生做出判断。所以在演讲时，三毛对在场的观众说如果有人认识这个女生一定要转告她，让她千万不要对未来灰心，因为别人的遭遇毕竟不是发生在她的身上，更何况遭遇不幸的人还坚强地活着，她更没有理由去死。

自己的人生，不能依据别人的准则去活，三毛始终认为一个人只有自救才能活下来，别人伸出的援手，至多只是一种精神上的慰藉。三毛从小并不打算做一名作家，她在成名之后也很不习惯别人把她当作家看，她觉得作家应该是很有学问或者很有才华的人，而她两者都不是，她认为自己最多只是一名家庭主妇。

在三毛小时候，大人问她要做什么，她说要做一个伟大艺术家的太太，听到这样有趣的回答，大人会继续逗她，问她有对象了吗，三毛会认真地告诉那些大人自己的对象是西班牙画家毕加索。因为三毛从小就喜欢美术，大约是因为家庭环境的影响，三毛喜欢艺术，她认为做一个艺术家的妻子是件很幸福的事情。

三毛小时候功课不够好，她大约认为自己是不能够成为很厉害的艺术家，所以才会想要成为艺术家的妻子吧。但是三毛的写作天赋却是从小就显露出来的，她小学五年级的作文还曾把老师感动得流了泪，在初中的时候，班上同学大约十个人的作文都是三毛帮他们写作完成的。

在别的事情上做不好，但是在写作这方面，三毛发现自己简直不费任何力气。三毛青少年时期出版了一本书叫作《雨季不再来》，虽然三毛认为那本书里文章写得不算好，她自己都不满意，但当时如果她不出书，别人也可以把那些文章出版，并且三毛连版税都拿不到。书出版后反响很好，人们认为三毛写得十分空灵，可是三毛却觉得那本书文字很生涩，不够成熟。

对于三毛来说，写作一直不能够算是她人生中重要的部分，朋友常说她应当多写，但三毛却认为写作不是吃饭、喝水，到时间就能够做的事情，写作需要机缘，三毛曾有很长一段时间没有写作，因为她觉得自己无话可写，当她再次提笔写作的时候，是到了她觉得自己有了灵感可以宣泄的时候。

有编辑曾问三毛什么时候会有新作，三毛说大概十年之后吧。那位编辑听后绝望地说道那不是要等死了吗。三毛说："这究竟不是在我们自己的手里，如果硬逼着我写，反而写不好，而十年以后，我也许又是另一个面目出现了。"

三毛重视生活更甚于写作，在三毛的人生中，她更看重生活，她远走西班牙，前往撒哈拉沙漠，都是为了丰富自己的生活，在她的命运中所遭遇的那些挫折，都是在三毛对生活的不懈雕琢下才逐渐迈过去的。

在三毛与荷西谈恋爱的时候，有一天清晨，他们约在马德里的一个公园里见面，三毛那时在为《实业世界》写稿，那天已经到了交稿的最后一天，三毛心里烦得厉害，她对荷西说第二天不与荷西见面了，因为她必须把稿子写出来。荷西说第二天早上再带三毛来公园散步，活跃一下脑子，也许文章很快就会有灵感的。

那天，三毛心不在焉地与荷西在花园约会，她脑子里一直想着稿子如何写的事情，经过一棵大树时，三毛看到园丁爬到树上砍掉多余的树枝。三毛对荷西说那些园丁好可怜，这么冷的天还要做这么辛苦的工作。但是荷西却说自己觉得那些园丁一点也不可怜，反倒觉得每天被关在办公室里对着表格、文件的人可怜，如果让他选择，他宁愿做爬在树上的园丁，也不要做上班的小职员。

这番话让三毛茅塞顿开，她觉得自己也应该做爬在树上的园丁，而不是每日为了不喜欢的文章绞尽脑汁，回家之后，三毛就给杂志社的编辑写了封信说十分抱歉，下个月的专栏要开天窗了，因为她不写了。

三毛总告诉朋友说她来到这个世界本就是来玩的，她所说的玩不是简单地去舞厅跳舞玩，不是去打电动玩，或者是抽烟喝酒那样游戏地玩，她的人生一定要玩得痛快才走，当然她也明白走不走不在于她，命运自有命运的安排，正是因为命运无常，生命的结束往往就在须臾之间，所以，三毛更加要好好地玩，才算对得起自己的人生。

“我的人生哲学是做任何事一定要觉得好玩才去做，绝不会为了达成一个目的，而勉强自己。我的人生观是任何事情都是玩，不过要玩得高明，譬如说，画画是一种，种菜是一种，种花是一种，做丈夫是一种，做妻子也是一种，做父母更是一种，人生就是一个游戏，但要把它当真的来玩，是很有趣的。”三毛身体力行做到了她自己说的这样一种人生态度。很多人读过她的书之后，都惊讶地问她为什么能够把任何东西都写得那么好玩。三毛写的很多东西都很琐碎，但即便如此，她的文章依然透出灵动、有趣的影子。三毛正是因为将生活当作一场游戏，她一定要把游戏玩到自己高兴才罢休，所以三毛的生活处处带着趣味，多姿多彩。

在与荷西结婚后，三毛常常整晚写稿。有一天写完稿子已经是清晨六点，她走进卧室发现荷西竟然还没睡着，荷西问她终于写完了吗？三毛说写完了，然后三毛问荷西为什么不睡觉，荷西说他不能睡，因为每晚睡觉都要拉着三毛的手，所以在三毛写作的时候，他不愿意打扰三毛，可是自己也没办法入睡。

听到这样的回答，三毛一阵黯然，然后便对荷西说自己不写了，她要每晚早些入睡，让荷西拉着自己的手一起睡。之后，三毛果然好几个月不再写一个字，有人问她时，她便说荷西不能睡觉。旁人如果再追问，她就说荷西晚上睡觉，一翻身第一件事就是要找自己的手，如果自己写东西，荷西找不到自己的手，夜里就无法入睡，荷西的工作有一定的危险性，三毛希望荷西夜里能够睡得很好，所以她就不再写东西。

反正在三毛看来，写作只是生活中的一小部分而已，不写就不写，没什么大不了的。三毛与荷西在一起的幸福生活，如果被写作妨碍到了，她情愿放弃写作，提起写作，三毛更愿意讲荷西，荷西的一切都让三毛感到快乐。

“他对海是离不开的，在大学时读的是工程，但他还是去做了潜水。每一次他带我去海边散步，我们的感情就会特别好，因为他知道海的一种美丽。他常跟我说起他跟一条章鱼在水里玩的情形，说得眉飞色舞。我想他这么一个可爱的男人，为什么要强迫他去了解文学艺术。如果以我十八岁的时候，我绝对不会嫁给他，我会认为他肤浅，因为我自己肤浅。今天我长大了，我就不会再嫁给我初恋的人，因为荷西比那个人更有风度，而且是看不出来的风度与智慧。”关于荷西，三毛可以说上三天三夜也停不下来，但令人悲伤的是，荷西永远只能活在三毛的笔下了，他的生命停留在了三十岁的那一天。

荷西走了，三毛还活着，三毛继续写作，在她的文章里，荷西仿佛还活着。三毛失去荷西，就像溺水的人失去了浮木，她只有拼命将头伸向水面，努力自救，才能够活下去。三毛常常想，如果荷西还活着，两个人还生活在一起，那么三毛也就会渐渐消失，因为她会为了荷西，写得很少很少。

三毛认为如果不是荷西给了她自由、爱和信心，她是一本书都写不出来的。三毛有一套非常重视的西班牙漫画书叫作《娃娃看天下》，之所以重视并非因为那套书是她的翻译作品，而是因为那是她与荷西生活的一部分。在三毛翻译《娃娃看天下》的时候，每当吃过晚饭，荷西就把电视关掉，把门反锁上，然后与三毛坐在一起翻译，经过了八个月翻译了一千页，对于三毛来说，她的写作生活，也就是她的爱情生活，她当然万分重视了。

三毛是一个以爱为天的人，她说过她的人生观就是她的爱情观。三毛的文章大多是传记性的文章，三毛喜欢写她所了解和熟悉的生活，她接触爱，写出爱，爱能够拯救她，她知道爱也能够拯救旁的绝望的人，只是这爱要自己去寻找。

即使旅行，也大半岁月平凡

旅行的意义不在于出发，而在于回来。人不论走多远，最终总会有一个归处，三毛绕了地球一圈，最终又回到了台湾岛内，台湾是她可以停留多久都不会担心的地方，熟悉的街景，熟悉的脸庞，一切都是久违的样子。三毛曾直言她并不是那么地喜欢旅行，因为旅行会很累，她只是喜欢追随着她爱的人罢了。此言不虚，看一看三毛的一生，她每一次的远行，都是为了心中所爱，因为被自己的初恋拒绝了求婚，三毛远赴马德里，之后前往欧洲，也是因为身边那个相爱陪伴着的人。

第二次重返马德里则是因为要治疗情伤，在马德里重遇荷西，令三毛找到了爱情与婚姻的归宿，她与荷西在一起，不论游历哪里，都是因为有爱的人守在身边，才会那么心安和从容。荷西去世之后，三毛被父母带回台湾岛内休养，但是三毛知道自己一定还会再次离开台湾、离开家，她要去找荷西，她不能将荷西一个人孤孤单单地留在西班牙。

在台湾岛内的日子，她觉得之前与荷西在撒哈拉沙漠生活的时日就好像是大梦一场，那些让他们头疼不已的邻居，好像还熙熙攘攘地在梦中不肯离开。三毛时常幻想也许下一刻睁开眼睛，她会发现其实在台湾岛内的生活才是梦里一场，而自己还在撒哈拉沙漠，身边还有荷西。

“人生是一场大梦，多年来，无论我在马德里、在巴黎、在柏林、在芝加哥，或在台北，醒来时总有三五秒钟要想，我是谁，我在哪里。脑子里一片空白，总得想一下才能明白过来，哦！原来是在这儿呵——真不知是蝴蝶梦我，还是我梦蝴蝶，颠颠倒倒，半生也就如此过去了。”三毛苦笑感慨，正是因为有了这样的人生经历和思考，三毛才能够写出《橄榄树》这样的歌词。

不要问我从哪里来

我的故乡在远方

为什么流浪

流浪远方——流浪

为了天空飞翔的小鸟

为了山间清流的小溪

为了宽阔的草原

流浪远方——流浪

还有——还有

为了梦中的橄榄树　橄榄树

不要问我从哪里来

我的故乡在远方

为什么流浪

为什么流浪远方

为了梦中的

橄榄树

不要问我从哪里来

我的故乡在远方

为什么流浪

流浪远方——流浪

这首三毛写的《橄榄树》歌词，风靡一时，三毛说到这首歌的创作背景时这样说道："我的朋友李泰祥先生要我写一些歌词，他催着我写，我一个晚上写了九首，其中一首就是《橄榄树》。因为我很爱橄榄树，橄榄树美。我的丈夫荷西的故里在西班牙南部，最有名的就是产橄榄。但是，我当时写《橄榄树》这首歌，是五百块钱就卖断了，今天我买录音带送朋友花的钱，比我得到的钱还要多。我今天不是要说我赚多少钱的问题，而是说这首歌中有两句不是我写的，因为这首歌起初是卖给歌林，后来再转给新格，所以版权上有一些问题。这首歌我不会唱，好像有一句是'流浪是为了天空飞翔的小鸟和大草原'什么的，我要声明一下，因为现在的《橄榄树》和我当初写的不一样，如果流浪只是为了看天空飞翔的小鸟和大草原，那就不必去流浪也罢。"

就像三毛说的那样，如果只是想要去看小鸟和草原，看些不一样的风景，其实并没有什么去流浪的必要，流浪是对自我的放逐，也是对自我的加固。虽然流浪会让自己觉得筋疲力尽，但流浪时的状态还是会留恋不已。三毛认为自己是一个浪子，她也始终称自己为一个浪子，她喜欢这个花花世界，随着年纪的不断增长，更加觉得生命太短，想要做的事情还太多，就因为生命太短暂，所以才要抓紧一切时间去做自己想做的事情。

在荷西去世后那段时间，三毛留在台湾岛内，她想到了自己之前在台湾度过的许多个幸福的日子，也想到了自己在台湾遭遇过的那些不可言说的伤痛和挫折，每一个地方的记忆都不全是好的，也不尽然是坏的，因为有了在外面世界的多年生活，三毛重新回到台湾岛内，才更觉得对往事有了新的认识，曾经那些她觉得无法面对的伤痛，再回首便觉得已经不算是什么了。旅行和流浪让三毛养成了刚强的个性，她只盼着这样的性格能够让她快一点挺过失去荷西的伤痛。

在一次采访中，三毛谈到了自己经历的几段感情："从前，我对结婚的看法是以爱情为主,个性的投合不考虑。我不否认我爱过人，一个是我的初恋，他是一个影响我很重要的人。另一个是我死去的朋友。一个是我现在的丈夫。如果分析爱情的程度来说，初恋的爱情是很不踏实、很痛苦的，假使我在那个时候嫁给初恋的人，也许我的婚姻会不幸福。第二个因为他的死亡，他今天的价值就被我提升了。也许他并没有我认为的那么好，因为他死在我的怀里，使我有一种永远的印象。而他的死造成了永恒,所以这个是心理上的错觉。我跟我先生没有经过很热烈的爱情，可是我对婚姻生活很有把握，因为我知道他的性情跟我很投合，我们的感情在这种投合中产生。"

相爱就想要在一起，这是陷入爱情之中的男女最想做到的事情，三毛也不例外，她每一次的爱情，都渴望能够与对方长相厮守，但是她总是不能如愿。三毛只能在这一次次无奈的离别中学会一次次地站起来，三毛想，在自己身心都慢慢恢复的情况下，她会再度有勇气独自出发，自己的孤独就算有最亲的人陪在身边也是无法排解的，她必须自己出去建立新的生活，独自消化自己的孤独，就算消化不掉，也要自己懂得如何与孤独相伴。

“为什么流浪远方，为了梦中的橄榄树。”三毛在歌词中所写的正是她人生所追求的，她的梦中橄榄树一直在远方等待她前去。李泰祥看到三毛写的这首歌词时说道：“‘橄榄树’非常能够代表我那个时候的生活和想法，表面上好像是青山绿水以及梦呀什么的，但它代表了我年轻时代对美的看法。‘美’就是漂亮的东西。除此之外，还有些惆怅的感觉。那时候没有办法写得很沉重，不过幸好也是这样。‘橄榄树’代表了一个梦想，在这点上，那时候的写法蛮合适的。若是现在的话，可能会用很多画笔来形容它，但这样就失去了单纯美好。那时除了要表达自己的梦想以外，也有暗示去追求很远很远的他方的一种向往。”

远行去追求自己的向往，就意味着一定要有分别，三毛一生总是在离别中度过，她深深了解分别的苦楚。她离开台湾地区前去寻找远方，她的父母每次在机场送她都令她不敢回头，害怕一回头就撞上父母满含泪水的双目，但是那也不能阻止三毛远行的脚步，她要走，必须走。

对于三毛来说，旅行真正的快乐不在于去哪里，不在于目的地有什么，而在于旅行的过程，在这个过程中遇到不同的人，遭遇各种奇怪的事情，还要克服想也想不到的困难，与各种奇怪的语言打交道，在三毛看来，这一切都是旅行最大的快乐。

一沙一世界，一花一天堂，这个大千世界不止一花、一沙，各种离奇的事情逐渐累积成生命的阅历，经历得越多，对生命的认识就越透彻，就好像读过一本又一本的书，那些书本垫在脚下，让自己一点点地看到了更远的远方。

在一次从台湾地区飞往西班牙时，三毛需要在英国转机，那次过程十分曲折，转机的过程很不顺利，三毛被扣押了下来，对方认为她可能会滞留在英国，这个认定让三毛又气又急，她申辩也没用，最后还被带去了警局，折腾了很久事情才最终得以解决。当三毛终于可以踏上前往西班牙的飞机时，她反倒觉得有些舍不得了，在她看来，这一次的小插曲完全是个没必要的误会，但是也正因为有了这样的误会，她才能够经历这么丰富。

在移民局的工作人员送她上飞机时，三毛问那位工作人员玩过猪吃老虎的游戏没有，工作人员表示听都没有听过，三毛就解释道：

“我们刚刚玩过，玩了一天，我是猪，移民局是老虎，表面上猪被委屈了十几个小时，事实上吃亏的是你们。你们提大箱子，陪犯人，又送饭，打字，还付计程车钱。我呢，免费观光，增了不少见识，交了不少朋友，所以猪还是吃掉了老虎。谢啦！”

这样的理解让那位工作人员瞠目结舌，随即哈哈大笑，大约他从来也没有见过像三毛这样有趣的人，分别的时候，两个人还有些依依惜别。三毛上飞机前看了一眼眼前的风景，有如茵的绿草地，有散步的行人，俊美的马匹，还有湛蓝的天空。一切都是那么美丽，那么安静，让人忍不住要叹息。

三毛想，生命中遇到的每一个人都是有些因果缘分的，因为佛说：“修百年才能同舟。”生命中邂逅的每一个人，都不知道是上一世花费了多少力气才得来的缘分，三毛只希望生命能够长一些，再长一些，在平凡的岁月中，让她好好活个够。

万里迢迢，为了去认识你，这份情不是偶然，是天命。没法抗拒的。

你无法要求我不爱你，在这一点上，我是自由的。

对生命的爱，至死方休

三毛的母亲曾这样评价三毛："在我这个做母亲的眼中，她非常平凡，不过是我的孩子而已。三毛是个纯真的人，在她的世界里，不能忍受虚假，就是这点求真的个性，使她踏踏实实地活着。也许她的生活、她的遭遇不够完美，但是我们确知：她没有逃避她的命运，她勇敢地面对人生。"

生命有开始，自然就有终结。人们不能因为早晚都会降临的死亡，就放弃对生命的热爱，三毛一生都在与命运抗争，她几次为了爱的消亡而差点选择死去，但最终她都活了下来，生命是很苦涩，但是这样的苦涩也要一一尝尽，才能不虚此生。

在加纳利岛上生活的时候，因为荷西要在尼日利亚工作，三毛便一个人居住在岛上。她的朋友尼哥拉斯死了妻子，每隔两星期，三毛就开车带他去墓园，因为她的这位朋友是个残疾人，三毛的汽车开到墓园门口就不能进去，三毛要先将朋友的轮椅从车厢内拖出来，打开，再用力将朋友移到椅子上去，再将朋友推到他妻子的墓碑前。

那是一个很大的墓园，叫作圣拉撒路。三毛并不反感去墓园，她反倒觉得去墓园就像郊游似的，当她的朋友将玫瑰花放到妻子墓碑前，与妻子独自相对时，三毛会静静地走开，在墓园里慢慢地走，一块一块的墓碑看过去。

有一天，三毛在墓园中看到了一个刻有中国名字的墓碑——曾君雄之墓。那块墓碑做得十分体面，三毛看着那块墓碑，心底一下动了怜悯之心，她蹲在那块墓碑前，觉得心里很悲凉。不知道墓穴里安睡的是一个怎么样的人，为什么会来到这儿，也不知道家乡是否还有惦念他的人，或许是受了朋友悼念妻子之情的影响，三毛也觉得胸中一股哀伤难以自持。

可怜无定河边骨，犹是春闺梦里人。三毛心中涌起一阵热潮，她想既然自己遇到了同胞的墓碑，就不能这样置之不理。三毛掏出纸巾将墓碑擦拭干净，然后向她的朋友要了一朵花放到了墓碑前面，随后，三毛在墓碑前默默坐了片刻，她在心中念道："曾先生，我们虽然不认识，可是同样是一个故乡来的人，请安息吧。这朵花是送给你的，异乡寂寞，就算我代表你的亲人吧。"

三毛想之后如果她再来墓园，一定要看望这位已经过世的曾先生，虽然他们素未谋面，但三毛还是希望能够为他做些什么。之后三毛又去过几次墓园，每一次她都会在曾君雄的墓碑前放上一朵花，陪他待一会儿。三毛那时候觉得那位曾先生应该感到快乐，因为在漫长的寂寞岁月中，有人给他送花，还会陪他说话。

死亡之后，人是不是会不再觉得寂寞。这个事情，三毛自己也说不准，她只知道自己是一个容易感到寂寞的人，一个人的夜里，看着窗外的星空，心里就会觉得空了一块，如果是她死了，独自躺在潮湿的泥土中，应该会希望有人同她讲讲话的吧。不管怎么说，对于那位曾先生，三毛放在了心里。三毛还梦到过曾先生，梦到他来感谢自己，可是在梦中看不清楚样貌。

不久之后，随着荷西工作地点的变化，三毛搬到了别处居住，她将这件事情写成了文章发表了出来，心里十分希望曾先生的亲人能够看到，因为台湾地区距离遥远，如果亲人想要把任何东西放到曾先生墓碑前，三毛表示自己愿意代劳。“对于自己的同胞因为居住的地方那么偏远，接触的机会并不多，回想起来只有这一件小小的事情记录下来，也算是我的一份心意吧！”在文章的最后，三毛这样写道。

过了很久，大约一年多的时间，三毛自己早已经淡忘了这件事情，她因为有事情要去《联合报》，在副刊室内碰到编辑曼伦，她说有人托她找一篇三毛写过的短文章,那人打电话到报社仔细询问，说三毛写过一个在西班牙姓曾的中国人的事情，名字是他失踪了多年的兄弟。

曼伦说电话里的人说是在西班牙失踪的,她问三毛有没有印象。三毛仔细回忆了一下自己的朋友，觉得在西班牙认识的中国人里没有姓曾的，她只好告诉曼伦，大概弄错了，没有姓曾的朋友，而且自己也从来没有听说过有什么在西班牙失踪的中国人。

又是一段时间过去之后，三毛收到了一封寄去报社转来的信，她拆开来一看，写信的人自称是曾君雄的兄弟，曾君雄多年前在西班牙失踪后,他和家人一直多方寻找未果,一直到看到了三毛的文章，才得知了曾君雄的下落，对三毛表示感谢。

看到“曾君雄”这个名字，三毛的记忆一下子被激活了，她才想起自己当年写的那篇文章中提到的“曾先生”就是曾君雄，自己的举手之劳，真的帮助逝在异国他乡的同胞找到了远在国内的亲人，三毛心里倍感安慰。后来，曾君雄的家人一定要答谢三毛帮他们找到了亲人的消息，要请三毛吃饭，因为三毛帮他们祭奠了海外的亲人。

但是，三毛面对这样的邀约觉得很为难，她觉得自己明明是带了一个坏消息给曾君雄的家人，如果不是自己的那篇文章，大概曾君雄的家人还不会知道他的死讯，是自己把这个令人心碎的消息送给了他们，自己还怎么能够和他们面对面吃下饭呢。思量再三，三毛没有再与曾君雄的家人联络。

虽然生死无常，但面对自己亲人的离世，还是会在心上留下难以愈合的疮疤。三毛之后又去过墓园，她在曾君雄的墓碑前再放了一朵花，帮他把墓碑擦了擦，陪他坐了一会儿。三毛不知道自己还会有多少次机会来到墓园，但想到自己能够替曾君雄在台湾岛内的亲人看望他，聊表心意，便也觉得安慰了不少。

在三毛的心中，人的生命不会因为死亡而终结，她认为死去之后的人们同样需要关爱和纪念，不然在另一个世界的他们会感到孤单和寂寞的。之后，三毛为自己之前那篇短文写了一个后记，希望曾君雄的亲人能够看到。

“人死不能复生，曾先生的家人，我们只有期望来世和亲人的重聚。那个墓，如果你们想以中国民间的习俗，叫我烧些纸钱，我可以由台湾带去，好使活着的人心安。”三毛总是希望能够为别人做些什么，哪怕是一个陌生的亡者，她也希望能够通过自己一点微薄的力量帮到他们。

人生是充满遗憾的单行道，没有人能够回头再为当年的错过而弥补，所以，人生越长，遗憾也就越多。三毛与荷西的爱情故事令许多人感动，但是与荷西在一起的种种，却是三毛心底不能触碰的往事，她一想到昔日与荷西在一起的美好，就会更加觉得失去荷西的自己是多么孤独。与荷西在一起时，三毛是那么快乐，不论做什么事情都觉得很好。在撒哈拉沙漠的时候，有一个星期天，荷西去公司加班，一整天都不在家，三毛为了打发时间，将荷西最近赚的钱都仔仔细细地算了个清楚，写在了纸上。

晚上，荷西回到家，三毛将“账单”放到荷西面前让他看半年来家里一共赚了多少钱。荷西看了一眼三毛的记录也很惊喜，没想到他们居然赚了不少，荷西高兴地提议晚饭去饭店吃，反正他们赚了很多钱。

三毛换好衣服与荷西去了国家旅馆吃饭，荷西点了很多吃的，要了上好的红酒、海鲜汤，还要了大虾和牛排，冰激凌蛋糕要了四人份的。面对一大桌的丰盛晚餐，三毛庆幸自己一天没吃东西，可以大肆地享用美食了。在布置得富丽堂皇的，好像皇宫一样的餐厅里，没有尘土味道，没有人打扰，三毛与荷西听着优美的音乐，慢慢吃着牛排，他们相对而坐，望着对方的眼神里全是柔情。

那一刻，三毛心里想的全是美食和周围令人愉悦的环境，灯光十分柔和，桌布洁白整齐，她觉得自己似乎又回到了在台湾岛内的日子，而不是在干燥的沙漠里。那一晚是三毛记忆中愉悦的点缀，荷西与三毛并不是常去那里吃饭，三毛想以后多的是机会与荷西共享美食，他们还有大把的岁月可以相守。但是荷西的突然离世令三毛的一切关于未来的设想都被打碎了，她再也不能见到荷西，再也不能与荷西一起吃饭、一起唱歌，她再也听不到荷西对她说话了。

三毛曾那么努力地鼓足勇气去热爱生命，热爱这个世界，但是随着荷西的离开，她对生命的爱也正在一点一点地被抽离，没有了荷西的生命还有什么意义呢？三毛多少次想要与荷西一起离开，但是她没有那么做，毕竟在这个世上，除了爱人，还有亲人，还有朋友，三毛不愿去伤害那些爱她的人。

她愿意带着对生命的爱，对荷西的爱，用力地过好每一天，至死方休。

最好的人生是你曾经来过

一个人的一生，究竟可以经历几次奋不顾身的爱情？三毛每一次经历爱情，都耗尽了全部力气，但老天总是捉弄她，让她每一次的爱情都无法长久，尤其是她与荷西的诀别，令三毛的人生遭受重创，都说想要拯救失去爱情的人，最好的办法就是给他（她）一段新的爱情。当三毛身体和精神状况渐渐转好之后，身边的朋友和亲人会尝试着劝她接受新的追求者，毕竟逝者远去，活着的人还是要为自己打算。

开始新的感情不是一件坏事，但三毛却是曾经沧海难为水，除却巫山不是云。她太爱荷西了，那份爱霸占着她的整颗心，让她无法腾出任何一丁点儿的地方来容纳别的人。时日恍惚过去，三毛的生活过得波澜不惊，没有想要去用力爱的人，也没有想要去交新的朋友，每日工作、生活，看起来平淡、正常，但也实在乏味无趣得很。

三毛在一个偶然的机会，有了认识王洛宾的机会，王洛宾是有名的音乐家，一生整理、创作的歌曲达1000多首，不但被誉为西部民歌之父，还被称为情歌大王。三毛从小听着王洛宾的歌长大，她很爱王洛宾的歌，尤其是他的那首《在那遥远的地方》，歌曲中苍凉的感觉，更是唱进了三毛的灵魂深处。

能够得以结识一个从小就崇拜和喜爱的音乐家，三毛很是高兴，三毛就是这样简单直接的人，她喜欢谁，就会想要不断靠近。

在台湾岛内的三毛能够认识王洛宾，得益于夏婕的几篇文章。在1989年的时候，作家夏婕在新疆采访过王洛宾之后，写了三篇关于王洛宾的文章发表了出来，这三篇文章被三毛看到后，她立刻找夏婕要到了王洛宾的联络方式。随后，三毛通过各种努力，参加了大陆的旅行团想要前往新疆去拜访王洛宾。得知三毛要去找王洛宾，《明道文艺》的主编便委托三毛为王洛宾代送稿酬，三毛高兴地答应了这件事情。

抵达新疆之后，三毛无心欣赏四周的美景，直奔王洛宾的住处，带着激动和紧张的心情，三毛叩响了王洛宾的家门，那天是1990年4月16日，是三毛记忆深刻的一天，她进入王洛宾家中之后，两个人简单地寒暄了几句，便像老朋友一样聊起天来，丝毫没有初次见面的拘束感。

王洛宾一生坎坷，历经磨难，事业和家庭都遭受过沉重的打击，人生大半岁月都是灰暗无光的，活了大半辈子，最后只有孤身一人，妻子离世，他独自辗转各地收集民歌，在音乐中慰藉自己。三毛听了王洛宾的人生经历后很是唏嘘，她没想到眼前的这个老人一生竟然经历了这么多的磨难，但是她又不知道该如何安慰他，因为王洛宾虽然历经苦难，却是沉稳淡泊的样子，好像一生的苦都不算什么。三毛在王洛宾身上看到了久违的宁静与淡然，她唱起了自己写的《橄榄树》给王洛宾听，两个充满故事的人，在新疆的广袤大地上，唯有用音乐交流彼此的心意。

王洛宾也被三毛深深感染了，他一生见惯了人情冷暖，三毛这样纯真如白水的朋友令他心里泛起涟漪，他也为三毛唱了一首《高高的白杨》，歌曲讲述了一个悲伤的爱情故事，在王洛宾沧桑的歌声中，三毛不禁落泪。她与王洛宾都是将爱当作人生信仰的人，他们为爱而生，也可以为爱而死，三毛只觉得与王洛宾相见恨晚，两个人一席谈话之后，立刻成为知音。

在三毛回到台湾地区之后，她心里还是一直惦记着王洛宾，她将在新疆与王洛宾相识的过程写成文章发表出来，令三毛没想到的是，随着她文章的发表，王洛宾的名声也迅速传播开来，而远在新疆的王洛宾也写了几篇文章来记录自己和三毛的那次会面，在文章中给了三毛很高的赞誉。

“是谁在敲门，声音那样轻，像是怕惊动主人。打开房门顿吃一惊，原来是一位女牛仔。模样真迷人——镶金边的腰带，大方格的长裙，头上裹着一块大花巾，只露着滴溜溜的一双大眼睛……”王洛宾专门以三毛为原型作了一首歌词，并且将歌词寄给三毛，三毛看后很感动，觉得王洛宾是自己的知己，只是那次短短的会面，他就能够捕捉到自己细微的小动作。

两个相差三十岁的人开始了鸿雁传书，三毛渴望着他们的再次见面，在信中也表达了自己这样的迫切心情：

我亲爱的朋友，洛宾：

万里迢迢，为了去认识你，这份情不是偶然，是天命。没法抗拒的。我不要称呼你老师，我们是一种没有年龄的人，一般世俗的观念，拘束不了你，也拘束不了我。尊敬与爱，并不在一个称呼上，我也不认为你的心已经老了。回来早了三天，见过你，以后的路，在成都，走得相当无所谓，后来，不想再走下去，就回来。

闭上眼睛，全是你的影子。没有办法。照片上，看我们的眼睛，看我们不约而同的帽子，看我们的手，还有现在，我家中蒙着纱巾的灯，跟你，都是一样的。你无法要求我不爱你，在这一点上，我是自由的。

上海我不去了，给我来信。9月再去看你。寄上照片四大张一小张，还有很多。每次信中都寄，怕一次寄去要失落。想你，新加坡之行再说，我担心自己跑去你不好安排。秋天一定见面。

二毛

三毛给王洛宾写了很多封信，她心中已经熄灭的火焰重新燃烧了起来，遇到了一个让她如此珍惜的朋友，她重新焕发了活力。三毛与王洛宾之间的关系引起了旁人的许多猜测，很多人认为他们两个恋爱了，在谈“忘年恋”，三毛没给出什么解释，王洛宾也是闭口不言，两个在现实中受了那么多苦的人，已经看淡了很多事情，他们愿意遵循本心的声音，不理会其他的。

三毛的姐姐陈田心认为那些揣测没有什么依据，在她看来三毛与王洛宾之间是惺惺相惜的好友之情，二人年龄差距很大，但对于艺术和自由的热爱都十分炽烈，三毛向来欣赏志同道合的朋友，在三毛的概念中，只有合得来的朋友，不会去过多计较辈分年纪之差，所以三毛对王洛宾的热情，至多算是知己之情。陈田心曾说过这样一段话："三毛很单纯，她心中有话就会讲。对王洛宾，她写信和我们讲，从小唱王洛宾的歌，现在认识了这个人；王洛宾的年纪很大，所以她把王洛宾当作长辈，但三毛对长辈表达爱的方式不同，或许人家会以为是男女之爱，而她认为这种情感是源自对艺术创作的欣赏，也是一种长辈晚辈之间的情感传递，没提过两人会变成伴侣。三毛只是希望能给他一些温暖，让他享受人与人之间的互动与情感。"

在 1990 年的 8 月，三毛再次到了新疆，她带了满满一大箱子的行李住进了王洛宾家里，三毛说自己不去住宾馆，而住到王洛宾家里是因为她想要走近王洛宾。王洛宾沉睡已久的热情也被三毛唤醒，他带着三毛在城里拜访朋友，游览景点，两个人还会弹琴唱歌，读书写作，相处得很愉快。

但三毛在这一次来新疆时，吸引了当地许多媒体记者采访，他们纷纷找到王洛宾家里要求与三毛见面，三毛只是想和王洛宾单独相处，自由自在地，她不想面对闪光灯和镜头，也不想接受一批又一批陌生记者的提问和采访。但王洛宾却认为盛情难却，凡是来到他家里的记者，他都热情接待，还建议三毛认真配合，王洛宾没有看透三毛心底藏着的不情愿，三毛也不愿意多说。

在王洛宾家待了一阵之后，三毛最初来到这里的热情被一点一点地耗尽，她选择收拾行李回到台湾岛内。三毛的黯然离去，令王洛宾意识到自己的所作所为伤害到了他与三毛之间这份难得的友谊，王洛宾有心想要挽回，但无奈新疆与台湾相隔甚远，三毛又不是一个容易打开心结的人，两个人烈火般燃起的友谊，渐渐熄灭。

回到台湾岛内后，三毛的身体状况渐渐不佳，心理上的压力也是无处排解，就算父母与台湾的朋友每日开解，三毛也是无法从糟糕的心态中走出来。三毛的一生如琥珀般纯粹，但是尘世总是多尘埃，三毛的心渴望干净，世界总是飘来沙土，让她无可奈何。

“在那遥远的地方，有位好姑娘，人们走过了她的帐房，都要回头留恋地张望，……我愿做一只小羊，跟在她身旁，我愿她拿着细细的皮鞭，不断轻轻打在我身上……”这首王洛宾创作的歌曲，一直萦绕三毛的心头，世间知音难觅，高山流水，曲终人散的时候总会到来，三毛一生遇到过爱，遇到过了解，也遇到过知音，但是这些都一一离她远去，而她皆是无能为力。

三毛最终只能选择结束自己的生命，告别这个让她留恋又伤心的世界。在得知三毛去世的消息后，王洛宾为她写了一首歌叫作《等待》：

你曾在橄榄树下等待又等待，
我却在遥远的地方徘徊再徘徊，
人生本是一场迷藏的梦，
请莫对我责怪。
为把遗憾续回来，
我也去等待，
每当月圆时，
对着那橄榄树独自膜拜。
你永远不再来，
我永远在等待，
等待等待，
等待等待，
越等待，
我心中越爱。

悲伤的思念之情毫无遮挡，跃然词间，王洛宾带着对三毛的留恋，在寂寞的人世上独自踟蹰，不知当他们在天堂相逢时，三毛是否会与王洛宾释然一笑，忘掉之前两个人之间的嫌隙？对于王洛宾来说，三毛就好像突然降临到他枯涩生命中的一位天使，在那个寻常的一天里，三毛轻轻敲响他的房门，王洛宾打开房门，一位扎着麻花辫，脸上神情好像小鹿般的女孩子惶恐地望着他，眼神中充满欣喜，也有不安。那样的时刻，应该会是烙印进王洛宾的记忆深处，永远无法抹掉的吧。

最好的人曾出现在你的生命中，你生命中最好的时刻是那个人悄然而至。不论时光是否冲散了彼此之间的交集，那相遇的一刻，早已成为永恒。

没人能替你找到生命之路，除了自己

人生如同作文章，总有画上句号的一天，每个人的人生都是一篇独一无二的文章，能够遇到读懂的人，自然是幸事，但遇不上，也不必难过，毕竟人生都应该由自己做主，活得尽兴还是克制，都应该由自己的内心说了算。

三毛一生追寻自由，在旁人的眼中，她洒脱桀骜，才情横溢，不拘泥于世俗的活法，凡事只求心之所向。她的文章令许多人追捧，人们都将三毛看作是自己心目中的风向标，觉得她敢想敢做，活出了真正的自己。三毛在沙漠中流浪，在岁月中俯首，她的故事流转千回，就像一个传说，在人们的口口相传之间，渐渐失去了本真的颜色。人们都当三毛是灵魂孤傲的才女，却都忽视了她也是一个需要爱，需要陪伴与理解的女人，三毛与荷西的爱情故事被人们奉为爱情经典，人们只看到了三毛轰轰烈烈，不顾一切地去爱，却没有看到三毛在痛失爱人后内心遍布的疤痕。

人们总是只愿意看到自己想要看到的，三毛是人们口中的流浪才女，人们关注她的下一个目的地是哪儿，关注她被谁爱，或者爱上了谁，人们看不到三毛眼底无尽的寂寞，她太孤单了，在红尘中翻滚多年，她得到过许多，但是失去的更多。白云苍狗，岁月流转，三毛从陈平一路走上文坛峰顶，她不再是陈家那个表情冷淡的小女孩了，而是世人皆知的风情万种的女作家三毛，她想要做真正的自己，但活在这个世上的每一天，她都不得已要做旁人眼中的三毛。

1991 年 1 月，不过是最寻常的一天而已，所有人都像往常那样起床，吃早餐，与爱人告别，出门上班，或者去上学，每个人都有自己的事情要去做，他们迎接着崭新的一天，也期待着晚归时，家里爱着自己的人留给自己那盏守候的灯光。但是，有一个人却是永远将生命留在了这样一个普通寻常的清晨。

在台湾荣民总医院的病房里，三毛选择了自缢，当医院的清洁女工像往常一样开始打扫病房，在7楼妇产科的单人病房里，她丝毫没有任何异样的察觉，和昨日、前日、之前的每一日做的那样，推开房间的门，清洁屋子，当她推开浴室的门，眼前的一幕景象令她震惊得无法站立。穿着白底红花睡衣的三毛，在脖子上套着尼龙丝袜，将自己悬挂在点滴架上，僵直冰冷的身体彻底宣告：再见了，这个世界。

三毛离世的消息令无数人震惊，大家都没有想到三毛会以这样的方式告别世界，毕竟在早些时候，有记者去荣民总医院看望三毛时，觉得她丝毫没有厌世的异样，虽然躺在病床上，但是整个人精神很不错，三毛还对记者说自己已经将新一年的工作安排到了三四月份，看起来充满活力。

但是，一个已经将工作安排到好几个月之后的人，竟然毫无征兆地选择了在卫生间结束自己的生命，三毛的死引起轩然大波，人们对她的死因猜测纷纷，这位一生波折的女作家，留给后人的也是无尽的谜团。

在1990年11月22日的晚上十点半，三毛曾接受过一个长途电话的采访，是新加坡的一个节目对她进行了采访，在采访中，三毛表示自己会努力地工作，还要继续旅行，与朋友交往等等，三毛在那一次的接近一个小时的电话采访中，说了许多自己关于未来的计划和畅想，她说道："过去几年，我付出过许多代价，都是我不应该付出的代价，受过的许多折磨，都不是因为错误的决定，而是社会的错误。"

三毛是想要努力振作起来的，她想要好好地面对生活，认真地过好自己余生的每一天，只是她尽管非常努力，最终还是没能抵御内心的绝望。人们常说有勇气选择死，为什么没有勇气勇敢地活下去。但是有的时候，人内心的悲痛是会不断吞噬灵魂的，三毛的悲伤太过沉重，她自己已经背负不动了。

"我认为在前二三年，我才又真正地开始我的旅程，而且面对现实，知道荷西之死已经是一个过去了，不很悲伤，可是跟以前不同了。以前我比较爱惜生命，现在我也很爱惜生命，可是我胆子更大了。就是说过去很多我不敢放手去做的事情，现在我可以在人生的战场上去策马中原，可以去奔驰了。为什么我胆子会变得这么大呢？就是我先生的死亡给我很深刻的教育，让我知道：这个生命是不长久的，有的人走得早一点，有的人走得晚一点，于是我对我自己说：'我也是要走的，既然我的另一半在那个世界，如果我大胆点，做一些有一点点挑战性的工作，或者旅行，即使发生了什么事情，三毛曾说："我们一生复杂，一生追求，总觉得幸福遥不可企及。不知哪朵花啊，哪粒小小的沙子，便在你的窗台上。你那么无事忙，当然看不见了。"

生命的香熄了，袅袅的轻烟还在盘旋，故事终有读到最后一页的时候，心中的回味却是无穷。

【全书完】